美宜佳，更亲近的伙伴

轻轻松松开个便利店

赵慧敏　编著

SPM
南方出版传媒
广东经济出版社
·广州·

图书在版编目（CIP）数据

美宜佳，更亲近的伙伴 ：轻轻松松开个便利店 / 赵慧敏编著. —广州：广东经济出版社，2019. 10
ISBN 978 -7 -5454 -6581 -5

Ⅰ. ①美… Ⅱ. ①赵… Ⅲ. ①零售商店 - 商业管理 - 研究 - 中国 Ⅳ. ①F721. 7

中国版本图书馆 CIP 数据核字（2018）第 289165 号

出 版 人：李 鹏
责任编辑：李惠玉 程梦菲
责任技编：陆俊帆
封面设计：李康道

《美宜佳，更亲近的伙伴：轻轻松松开个便利店》
Meiyijia, Geng Qinjin de Huoban: Qingqingsongsong Kai Ge Bianlidian
赵慧敏 编著

出版发行	广东经济出版社（广州市环市东路水荫路 11 号 11 ~ 12 楼）
经销	全国新华书店
印刷	广东海洋印刷有限公司 （佛山市南海区里水镇和桂工业园 A 区和安南路 1 号 F 栋 1 - 2 楼）
开本	787 毫米 ×1092 毫米 1/16
印张	12
字数	170 千字
版次	2019 年 10 月第 1 版
印次	2019 年 10 月第 1 次
书号	ISBN 978 -7 -5454 -6581 -5
定价	48. 00 元

广东经济出版社官方网站：**http://www. gebook. com** 微博：**http://e. weibo. com/gebook**
图书营销中心地址：广州市环市东路水荫路 11 号 11 楼
电话：（020）87393830 邮政编码：510075
如发现印装质量问题，影响阅读，请与承印厂联系调换。
广东经济出版社常年法律顾问：胡志海律师

PREFACE 前言

时间的车轮滚滚向前，当岁月的光晕渲染到2019年，美宜佳已经绽放了22年。22年的风雨、22年的耕耘、22年的时光，美宜佳以最优美的姿态，默默地书写一个便利店的传奇。

美宜佳作为国内便利店行业的先行者之一，以特许加盟的发展模式，与投资者真诚合作，为加盟门店悉心服务；以社区便利生活的市场定位，为消费者因地制宜地构建由日常快消品、多样化购物方式、充值缴费、代收代寄等项目组成的便利生活驿站；以做精、做深、做宽便利店的经营策略，立足广东，拓展全国。

美宜佳便利店由东莞市糖酒集团控股，成立于1997年，是在国内第一家连锁超市——美佳超市基础上发展起来的连锁便利店企业。自成立以来，门店发展以广东为中心，稳步布局全国。至2019年8月，连锁店数超过18000家，主要分布在广东、福建、湖南、江西、湖北等120个城市，2018年进入苏浙沪地区，形成华南、华中、华东三大发展区域，成为国内规模较大的特许连锁便利店企业。

美宜佳便利店一直围绕“社区便利生活中心”的市场定位，推行虚实结合的经营内容，从数千种商品，到30多项便民服务，获得了社会及行业的高度肯定，先后荣获中国零售业十大优秀特许加盟品牌、中国便利店大奖、中国特许奖等上百项荣誉，成为人们生活中更亲近的伙伴。

现在，美宜佳每月新增300～400家门店，每天服务顾客人次在500万以上，形成了一个以便利店为主业，多业态延伸发展的生态产业链，以稳健快速的发展步伐，快速奔向全国。

美宜佳为何能取得成功呢？美宜佳还有哪些鲜为人知的故事呢？《美宜佳，更亲近的伙伴——轻轻松松开个便利店》一书将从多个方面对美宜佳进行解读，希望读者能从中得到一些启迪和正能量。

★美宜佳，精彩绽放22年
★美宜佳，门店发展高速化
★美宜佳，特许加盟模式化
★美宜佳，品牌思维本土化
★美宜佳，社区生活便利化
★美宜佳，会员促销多样化
★美宜佳，运营管理现代化
★美宜佳，升级转型数字化

在不同人的眼中，美宜佳有着不同的形象，编者只是从个人的思维角度出发对美宜佳进行观察和解读。在本书的编写过程中，由于编者水平有限，加之时间仓促，错误、疏漏之处在所难免，敬请读者批评指正。同时，部分图片与文字内容引自互联网媒体，其中有些未能与原作者取得联系，请原作者看到本书后及时与编者联系，以便支付稿酬。

编　者
2019年9月

CONTENTS | 目 录

特许加盟是特许人与受许人之间的一种契约关系。根据契约，特许人向受许人提供一种独特的商业经营特许权，并给予人员培训、组织结构、经营管理、商品采购等方面的指导和帮助，受许人向特许人支付相应的费用。经过22年的发展，美宜佳已成为国内以特许加盟模式为主的规模较大的便利店系统。

随着科学技术的进步，市场上的产品和服务日益丰富，且同质化程度越来越高，企业间的竞争已脱离传统的实体产品和广告形式，“品牌”成为企业间竞争的有力武器。未来，在同样保证产品质量和满足顾客需求的情况下，谁拥有了名优品牌，谁就拥有了市场。因此，品牌建设是企业发展不可缺少的重要一环。

导读　美宜佳，精彩绽放22年

时间的车轮滚滚向前，当岁月的光晕渲染到2019年，美宜佳已经绽放了22年。22年的风雨、22年的耕耘、22年的时光，美宜佳以最优美的姿态，默默地书写一个便利店的传奇。

开店10000多家

2017年5月26日上午，广东省东莞市南城体育路，一家看似普通的美宜佳店正式开业。这家店，在美宜佳系统内的店号是10000。

美宜佳第10000家店开业

以每店每天服务400人来计算，美宜佳每天的服务量就超过了500万人次，一年累计超过10亿人次。这个数据，表明了众多消费者对美宜佳的认可。在零售行业增速放缓的背景之下，美宜佳第10000家店的开业，不仅是美宜佳发展的里程碑，而且将载入中国零售业发展的史册，标志着中国连锁企业跨入了万店阶段。

2019年1月7日，广州番禺兴业大道东粤第15870家美宜佳店正式开业，这家店也是美宜佳在广州的第2000家店。

从店铺增长趋势来看，美宜佳经历了一个较长的准备期。据了解，美宜佳从第1家店到第1000家店，用了近10年时间；而从第1001家店到第10000家店，也是用了近10年时间。现在，美宜佳每年新开的门店数，都超过第一个10年的总量，呈现爆发式增长。比如，2017—2018年，完成了5000家新店开业的新里程碑。

品牌多次升级

不管市场环境如何变化，美宜佳关注的始终是自身品质的提升。

门店形象升级

第一家全新的美宜佳门店自2016年6月推出之后，受到了广泛的关注和好评。从2016年10月1日起，全新的美宜佳标识系统全面启动，所有新开门店都采用新形象，老店形象升级也按照新政策全面实施。

美宜佳门店新形象

从升级后的新版门店来看，美宜佳新形象门店确实令人眼前一亮。深红色搭配白色，点缀以深灰色、米色，功能上强化了鲜食区和休闲区，整体设计兼顾时尚与人性化，与平常所见到的美宜佳门店大有不同。

品牌定位升级

除了店铺形象整体提升之外，美宜佳还清晰地提出了自己的品牌定位——更具本土化思维的连锁便利店。另外，美宜佳还将品牌口号变更为“更亲近的伙伴”，致力于与消费者、厂商、员工等建立更加亲密和平等的关系。

经营内容升级

最新升级的美宜佳门店，不仅提供新鲜食品、日常用品、粮油副食、个护化妆品等消费品，还提供充值缴费、代收代寄、便民支付等30余项生活服务，并且已开始尝试经营十几种广式早茶。

据了解，这种方便且实惠的餐点，一推出就受到顾客的欢迎。虽然在经营环节中还存在各种困难，但这种顺应本土需要而生的服务，也许会创造新的发展契机。

版图不断扩大

2014—2016年的3年间，美宜佳先后进入福建、湖南、湖北、江西4省，加上广东大本营，美宜佳的发展版图已经延伸到5省46个城市，其全国布局的战略，蓄势待发。

至2019年8月，连锁店数超过18000家，主要分布在广东、福建、湖南、江西、湖北等120个城市，2018年进入苏浙沪地区，形成华南、华中、华东三大发展区域，成为国内规模较大的特许连锁便利店企业。

据了解，美宜佳现阶段的省外发展策略是“稳中求进”，首先逐步建立店铺拓展与营运、采购与供应链、人力与财务等系统的复制能力，打好省外发展基础。

22年是美宜佳默默书写便利店传奇故事的一个节点，也是新的传奇篇章的起点。经典传奇，仍将延续！

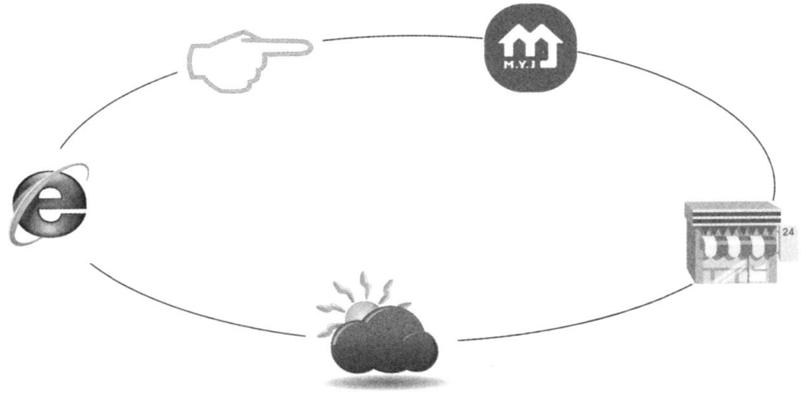

第一章
美宜佳，门店发展高速化

导言：

2017年5月26日上午，美宜佳第10000家门店开业。“花开中国，相伴万家”，美宜佳的万家门店，象征着美宜佳在中国大地上与千千万万的家庭相伴。从1家门店到10000家门店，美宜佳靠的不是运气或时机，而是务实、专注、创新、共赢的企业精神。

第一节　美宜佳的发展历程

连锁品牌：美宜佳
公司名称：东莞市糖酒集团美宜佳便利店有限公司
创 始 人：叶志坚
创立时间：1997年6月21日
创立地点：东莞莞城

作为国内便利店行业的先行者之一，美宜佳已经成立22年。在广东特别是珠三角地区消费者的眼中，“美宜佳”几乎跟“便利店”画上了等号。

创业之初

1990年8月，东莞市糖酒集团有限公司下属的美佳超市公司挂牌成立，明亮宽敞的购物环境、开放自选的购物方式，开启了东莞人对购物的全新认知。1996年，数十家美佳超市遍及东莞的各个镇区，美佳超市公司进入鼎盛时期。

零售业竞争激烈

1997年，世界零售业巨鳄沃尔玛进驻东莞。继1996年在深圳开设大型购物超市之后，沃尔玛进驻中国的第二个城市就是东莞。紧接着，家乐福等外资零售企业也纷纷落户东莞。

一方面，以零售巨头沃尔玛为代表的外资企业的进入，对中国国内市场产生了强烈的冲击，再加上价格的优势和各种令人眼花缭乱的促销优惠，在这一轮竞争中，沃尔玛、家乐福等外资企业占据了上风；另一方面，东莞也出现了以嘉荣为代表的本地大卖场。

美宜佳便利店注册成立

面对如此激烈的竞争环境，美佳超市基于当时的资金、技术以及人才团队等实际情况，经过反复酝酿斟酌，公司领导层最终共同做出一个颇具风险的决定：用统一规范的连锁经营模式，创办本土小型连锁超市。公司把方向锁定为以特许加盟为主要模式的便利店。于是，1997年6月3日，东莞市糖酒集团美宜佳便利店有限公司注册成立。

【拓展阅读】

东莞为何成为便利店品牌的热土

根据此前的一些通行经验，当城市人均GDP超过3000美元的时候，便利店发展就有了稳定的基础；达到6000美元，便利店将得到充分发展。据统计，经过多年的发展，早在2013年东莞人均GDP就已经超过了10000美元，城市主流消费人群是已经习惯了便利、快捷生活节奏的年轻人。再加上东莞拥有数百万以镇街为核心聚居的产业工人，意味着兼具品质保证与全天候便捷性服务特性的便利店，在东莞具备较广泛的消费群。同时，习惯了夜生活和快餐文化的东莞人并不排斥藏身街区、服务街坊邻居的小型便利店。24小时营业的便利店已经成为城市现代生活的重要标志。

在打工者大量聚集的镇街厂区，聚集了不少士多店、夫妻小店，开办单体店的个体户为美宜佳这样的便利店带来源源不断的加盟者；而那些携家带口来到东莞的打工者出于“安置”亲朋就业的需要也选择了25万～30万元小本起步的便利店加盟模式。

经历阶段

美宜佳的发展经历了3次大的转型升级，每一个阶段都充满奋争和提升，具体如下页图所示。

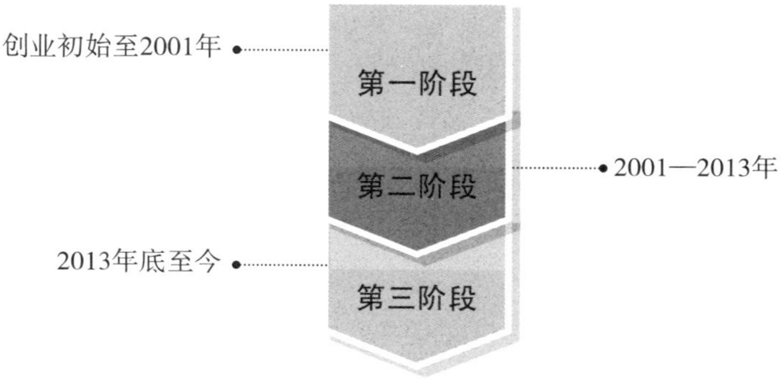

美宜佳发展经历的三个阶段

第一阶段

第一阶段是从创业初始到2001年，属于起步阶段。美宜佳这一阶段的定位为“给你方便，让你省钱”，做一个“规范的杂货店”。美宜佳一开始的定位是社区性的，门店跟着社区走，将每一个门店都作为一个社区服务中心。因此，美宜佳有两个原则：第一，让老百姓买东西方便且放心；第二，只要哪个社区里有足够的人，美宜佳就将店开到哪里。那时东莞有380个居委会或管理区，美宜佳就在每个居委会或管理区里开一家店。

第二阶段

2001年起美宜佳进入第二阶段，这是上大台阶的阶段。美宜佳将经营思想调整为“品质优良，实惠方便”。随着社会的进步，消费者的需求在变化：从原来可以接受“规范的杂货店”慢慢地转向越来越多地追求品质的提升。

第三阶段

2013年底美宜佳进入第三阶段。这一阶段美宜佳的定位为“优质便利，亲切时尚”。在互联网冲击的大背景下，美宜佳从店铺形象、经营内容和服务能力等方面全面转型升级，并尝试突破线上线下壁垒，建立起美宜佳会员营销体系，帮助加盟店持续提升营利能力。

不断改变的管理方法

在经历以上3个阶段时，美宜佳始终坚持“全心全意为门店服务，全力以赴为门店争取利益”的服务宗旨。

随着市场定位的变化，美宜佳对门店的管理方法也在不断改变，具体如下图所示。

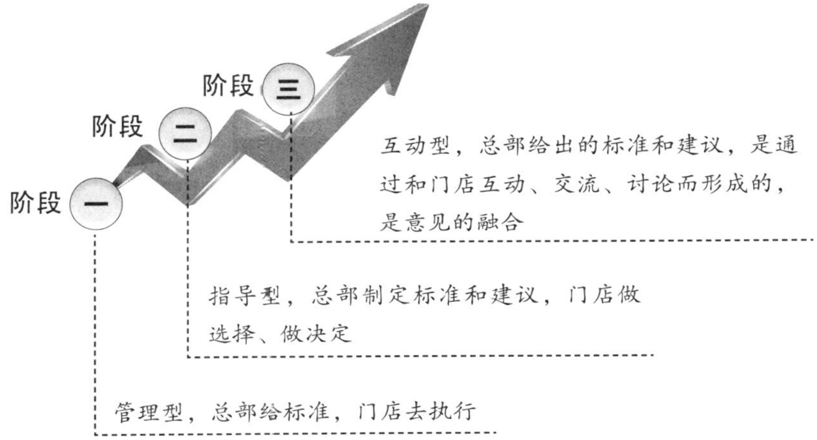

美宜佳不断改变的门店管理方法

公司荣誉

经过22年的创新发展，美宜佳已获得“中国便利店创新奖”“中国便利店加盟品牌人气奖”“中国特许奖”“中国零售业十大优秀特许加盟品牌”“中国特许经营管理创新奖”“广东省东莞市商贸龙头企业”等荣誉称号，如下图所示。

2019年	2019中国便利店特别奖
2019年	2019中国便利店创新奖
2018年	2018年度广东连锁50强

2018年	中国优秀特许品牌（数字化创新奖）
2018年	2018中国便利店创新奖
2017年	2017年度广东连锁50强
2017年	2017年中国便利店加盟品牌人气奖
2017年	2017中国便利店创新奖
2017年	中国特许品牌社会贡献奖
2016年	广东连锁20年“卓越贡献企业”奖
2015年	“2014年度中国便利店”大奖
2011年	广东连锁五十强
2011年	中国特许奖
2010年	中国零售创新大奖
2010年	中国连锁经营企业信用评价AAA级信用企业
2010—2012年	东莞市商贸龙头企业
2009—2010年	东莞市50强民营服务业企业
2009年	广东省十佳连锁经营企业
2009年	广东省直通车服务重点企业
2005年	广东省优秀连锁经营企业
2005年	“全国万村千乡市场工程”优秀试点企业

美宜佳获得的主要荣誉

公司大事记

2000年

（1）2000年1月，美宜佳康乐分店正式导入电脑辅助管理系统，这是首家导入此系统的加盟店，也是第二家导入电脑系统的门店。

（2）2000年3月，公司请技术监督局工作人员对店长和总部人员进行产品质量检验培训，宣传《中华人民共和国产品质量法》，保护消费者权益。

（3）2000年8月，美宜佳举办第一期后备店长培训班，为公司发展提供后备力量。

（4）2000年10月，美宜佳隆重推出集宣传美宜佳企业形象、报道企业动态、介绍商品信息于一体的《美宜佳简报》。

2001年

（1）2001年2月。

◆以“加盟美宜佳，共创新纪元”为主题的美宜佳首届加盟推广会隆重举行，共80余人参会。

◆花城分店获得广东省连锁经营协会颁发的“2000年广东省优秀门店”荣誉称号。

（2）2001年4月，美宜佳第二届加盟推广会在美佳大厦B座二楼举行，主题为“加盟美宜佳，走向成功之路”。

（3）2001年5月，美宜佳员工带着文具、食品等前往东莞市聋儿语训中心、市弱智儿童康复中心看望孩子们，为他们送去一份关爱和支持。

2002年

（1）2002年5月，美宜佳新世界分店迎来一批特殊的员工——6名来自东城学校的学生，他们接受了总部的岗前培训，将在“六一”儿童节正式上岗为家长和社会提供服务，度过一个特殊的儿童节！

（2）2002年6月。

◆美宜佳与东城文化中心合作，在东城文化广场举办美宜佳“六一”嘉年华活动。主要活动内容有：东城部分中小学学生文艺演出，东华医院、妇幼保健院儿童教育及健康咨询活动，少儿百米长卷书画表演，家庭亲子游戏及木偶剧演出等。

◆美宜佳便利店有限公司成功通过中国连锁经营协会备案，排名第39名。

2003年

（1）2003年1月。

◆为加快店铺发展，更好地服务门店，在总结东区事业部工作的基础上，南区事业部、北区事业部、中区事业部同时成立；同时，为配合公司快速发展对人才的需求，正式设立了人力资源部。

◆以宣传公司企业文化，加强门店与总部的沟通，倡导积极进取精神为主旨的《美宜佳文化》创刊。

（2）2003年3月，为更好地服务门店、充分发挥系统优势、提高门店竞争力，规定所有经营目录内的雪糕、包点等冷冻商品全部由华雪公司统一配送。

（3）2003年6月，广州美宜佳便利店管理有限公司成立，并于11月8日开出了第一家美宜佳自营分店，标志着美宜佳走出东莞、走向珠三角的发展战略成功地迈出了第一步。

2004年

（1）2004年3月，美宜佳参加东莞市“3·15诚信·维权”宣传活动，并获“诚信承诺加盟单位”殊荣。

（2）2004年4月，在职员工培训正式开班，历时2个月，培训人数达1000余人，这是历年来规模最大的培训。

（3）2004年5月，总部员工代表到东莞市聋儿语训中心看望聋哑、智障儿童，带云美宜佳的关怀和爱心。

2005年

（1）2005年1月，公司第一次制定《美宜佳（2005—2009）五年发展规划》，确立3年内成为全省性企业，5年内成为全国性企业的发展目标，并明确提出4个转变。

（2）2005年3月，美宜佳荣获“东莞市商贸龙头企业”“广东省十佳优秀连锁企业”称号；成为商务部“全国万村千乡市场工程”优秀试点企业。

（3）2005年6月，公司加强与专业公司合作，促进企业发展，包括AC尼尔森—消费者满意度调查、高露洁—品类管理、峰尚广告—CI设计、悦盛摄影工作室音像制作、海鼎—信息咨询合作、AMT—知识管理。

（4）2005年7月，公司开发出崭新的店铺形象，制定了统一的海报张贴标准，加快了由杂货店向便利店转变的进程。

（5）作为五年规划的第一年，2005年新开店251家，其中9月开店36家，门店总数突破680家。总部业务增长40%，门店日均销售增长12%，企业效益较2004年翻了一番。

2006年

（1）2006年1月。

◆客户服务中心正式启用。

◆中山事业部正式成立。

（2）2006年3月。

◆美宜佳2006年珠三角加盟投资说明会在东莞银城酒店成功举办，到会人数达350余人。此次会议强有力地推动了公司加盟事业部的发展。

◆荣获2005年度广东省“优秀连锁经营企业”称号。

（3）2006年4月，荣获“2005年度中国特许经营管理创新奖”，时任总经理荣获“2005年度中国特许企业优秀管理者”称号。

2007年

（1）2007年1月，美宜佳第1000家分店在东莞厚街开业，这是美宜佳发展历程中的重要里程碑。

（2）2007年4月，美宜佳荣获“2006—2007年度中国零售业十大优秀特许加盟品牌”称号。

（3）2007年6—7月，公司成功举行了1200名店长白云山、南昆山健康快乐两日行和志庆晚会等10周年庆典活动，发行了10周年纪念画册，制作了《美宜佳有你真好》10周年专题片和吉祥物“佳佳”。

（4）2007年8月。

◆成立商品部深圳分部。通过组织架构的调整和完善，进一步促进了公司发展战略和目标的实现。

◆美宜佳爱心助学活动正式启动，首批款项5万元用于支持云南思茅地区普洱民族实验中学。

（5）2007年10月，美宜佳2008—2010年发展规划会议在海南博鳌隆重举行。这次会议，明确了未来3年美宜佳的发展战略和目标。

2008年

（1）2008年2月，美宜佳荣获“广东省著名商标”称号，成为广东便利店行业首个获此殊荣的连锁企业。这是政府部门和社会各界对美宜佳品牌的认可，有力地促进了美宜佳品牌在广东省的健康、稳步发展。

（2）2008年3月，美宜佳在快速发展的过程中，积极开展社会公益活动，与松山湖管委会合作，投入6万元认建认养松山湖“松湖花海”的650多棵紫荆树。

（3）2008年4月，在中国连锁经营协会召开的第十届中国特许经营大会上，美宜佳第二次荣获“中国零售业十大优秀特许加盟品牌”称号。美宜佳特许加盟服务支持体系得到全国零售行业权威机构的高度认可，成为中国众多特许经营企业的典范之一。

（4）2008年6月，在东莞市文明办、市环保局的支持下，美宜佳投入9万元在全体门店安装废旧电池回收箱，受到了社会各界的欢迎，为保护环境、绿化家园贡献了一份力量。

2009年

（1）2009年1月。

◆美宜佳发展取得了新辉煌。1月10日，美宜佳未来3年（2009—2011）发展规划报告第一次系统地明确了公司的使命、口号、精神，提出了“成为中国最具本土特色的便利店行业成功典范”的愿景。至此，店铺总数达到2380家，新开门店612家。

◆“两个转变”思想的提出与实施。为应对金融危机带来的挑战，在总部员工和门店店长的迎春茶话会上，时任总经理明确提出了“从被动经营向主动经营转变，从销售型门店向服务型门店转变”的思想。该思想的提出，强化了总部对门店、门店对消费者的主动营销意识，得到了广大门店的积极响应，促进了门店竞争力的提升。

（2）2009年2月，美宜佳再获东莞市零售行业“2008创新案例奖”。

（3）2009年3月。

◆美宜佳3家门店分别获得“第十三届广东优秀门店”称号。

◆与中国红十字会携手在22家门店投放了首批“爱心募捐箱”。

（4）2009年4月，公司引入平衡计分卡，并自主开发绩效管理系统，促使全员对工作现状及目标有更清晰的认识，以促进组织战略目标的实现。

（5）2009年5月。

◆美宜佳荣获“2008—2009年度中国特许经营管理创新奖”，这表明公司的实力得到了权威机构和行业专家的肯定，有力地促进了美宜佳特许加盟事业的蓬勃发展。

◆美宜佳办公协同系统（简称“OA系统”）平台正式投入使用，极大地方便了总部员工之间的工作交流、信息传递、知识共享，在提高办公效率、固化工作流程、加强员工工作管理等方面发挥了重要作用。

（6）2009年8月，美宜佳与淘宝网、支付宝联合，在门店推出“网购现金网点支付”服务，为顾客带来了更好的消费体验。

2010年

（1）2010年1月，美宜佳召开2010年工作发展会议，明确提出2010年5项重点工作，分别是形象礼仪、营运专家、销售助手、便民服务、电子商务，为全年工作定下基调。

（2）2010年4月，美宜佳举行了“情系玉树，大爱无疆”抗震救灾募捐活动，共募得善款10万元。

（3）2010年5月26日，全面翻新的美宜佳大厦正式启用。

（4）2010年7月12日，美宜佳门店新员工开始进行“5天封闭式培训”，保障门店员工在开业前全面掌握5项工作的要求和操作技能。

（5）2010年7月27日，美宜佳生活馆正式开馆，“门店网店”的商业模式被专家誉为“开创网络零售新时代”的模式。

（6）2010年12月1日，公司成立电子商务部，负责美宜佳生活馆的商品采销、会员营销、市场推广等工作。

2011年

（1）2011年2月。

◆JPOS项目正式启动。JPOS是新一代零售收银系统，运行稳定，支持多操作系统应用，能更好地支持门店各类经营工作。

◆实时划扣开始引入门店，帮助门店解决了预存款临时性不足的问题，有力地保障了门店商品销售及项目经营不受影响。

◆冷链物流进行营运管理改革：一是执行“ABC”线路优化方案，累计优化660家门店，节约配送费用120万元左右，降低了配送成本和管理风险；二是调整配送管理模式，由自有配送转向第三方线路承包配送。物流中心冷链部着力核心管理、掌控整体业务，使配送质量和效率得到明显提升。

（2）2011年3月，为了让便民服务项目在门店全面展开，营运部启动“清零行动”，核心项目覆盖率超过95%，便民服务收入达到每店每月734元。

（3）2011年4月。

◆美宜佳会员营销信息系统上线，此系统包括会员卡系统、会员营销管理系统、生活馆与零售业务系统积分模块等，为实现会员精准营销打下了坚实的基础。

◆美宜佳启动“清淤泥，流活水”项目，帮助门店处理不动销商品，优化商品结构。

◆公司官方新浪微博创新营销管理方式，粉丝由400多人增加至17000多人，网络营销取得突破，提升了公司品牌的知名度和美誉度。

（4）2011年5月6日，第13届中国特许加盟大会在北京举行，美宜佳在连续3年荣获“中国优秀特许品牌”后，捧回了中国特许经营领域的最高奖项——中国特许奖。美宜佳“门店网店，购物新体验”创新案例获得“2010—2011年度中国特许经营创新大奖”。

（5）2011年6月。

◆“美宜佳会员营销”项目正式启动，拉开了会员营销的序幕。

◆美宜佳网络电台成功改版，实现直播与转播相结合，增强了娱乐性和互动性，每天听众超过2500人次。

◆美宜佳商品部启动供应链管理优化项目，通过调整订货方法、方式、上下限设置，大大提升了物流托盘利用率，每天可用托盘数从600多个增至2100多个，门店缺货率同比降低3.73%，库存周转同比加快2天，提高了系统运作效率，更好地满足了门店的经营需求。

◆一年一度的周年志庆活动在广东省体育馆隆重举行，3200多名美宜佳店长集体游览了海心沙、广州塔、珠江等，共同度过美好、欢乐的一天。

（6）2011年7月，公司制定《美宜佳商品入场检验项目——食品类》，规定入场的食品必须提供检验项目合格证明，以保障到店的食品是安全、可靠的。

（7）2011年9月。

◆出台《门店商品经营管理规范》并在门店执行，目的是更好地保障美宜佳消费者的正常权益。

◆拓展员移动办公系统上线，此系统利用智能手机对美宜佳门店及规划网点进行精准定位，随时随地查询和维护加盟客户信息，提高了店铺拓展的工作效率，同时也为后续基于LBS业务的物流线路科学规划打下了基础。

（8）2011年10月25日，门店服务在线升级为“美宜佳在线”，其定位是门店店员、店长及总部员工等所有美宜佳人工作与生活的交流平台，平台的原则是真实、真诚、包容。平台引入了SNS模式，增加了社区论坛、微博等主流互动元素，拉近了门店店员、店长及总部员工间的距离，达到了美宜佳人互相分享、互相促进的良好氛围。

（9）2011年11月16日，美宜佳市场定位明确为“社区便利生活中心”，即以门店为中心，以消费者为导向，建立一套服务立体化、内容多元化、虚实结合的社区服务体系，真正让每一个门店都成为社区便利生活中心。总部将帮助每一个门店建立3个平台：网店服务平台、社交服务平台、会员营销平台，让每一个门店为社区提供6大功能服务：现卖、外卖、预购、便民服务、优惠券和资讯，清晰了美宜佳未来的发展方向。

（10）2011年11月4日，彩洋科技有限公司正式成立，这标志着美宜佳便民服务平台开始往多元化、多渠道方向发展。

（11）2011年11月15日，彩华商贸平台上线，实现业务流程优化，丰富了商品结构，共享库存资源和配送资源，为彩华商贸业务拓展建立坚实的基础。

（12）2011年新开门店1069家，门店总数达到3570家；连续7个月每月开店100家以上，其中8月新开店123家，创历史新高。

2012年

（1）2012年2月，一键报障系统全面启用，实现了对维护商、维护员、门店报障情况的全方位管理，门店报障得到及时跟进，有效提升了门店的服务质量。

（2）2012年5月，美宜佳蝉联“中国特许奖”，成为全国便利店行业唯一获此殊荣的企业。

（3）2012年6月。

◆推出“到美宜佳工作，2年做老板”的门店员工招聘发展计划，并于11月启动员工资格认证系统。

◆美宜佳15周年庆典拉开序幕，4000位店长齐聚惠州龙门大观园，共同回顾美宜佳15年的光辉岁月。

（4）2012年7月。

◆在2012年上半年总结大会上，公司提出搭建门店赚钱服务平台、新开门店服务平台、门店优化服务平台、客户服务平台、门店员工服务社区平台等5大平台的构想；至年底，5大平台框架基本确立，为实现2013年打造美宜佳新形象、提升门店销售与盈利能力奠定基础。

◆着手开发新开门店服务平台，并于12月底全面上线该平台。至此，美宜佳建立起了门店基本资料数据库，固化规范了新店筹备流程，新店筹备时长平均每店缩短了2天，有效提高了客户满意度。

◆2012年7月12日，美宜佳举行15周年志庆联谊会。

（5）2012年9月，门店优化服务平台建成，并于10月试点运行。通过对门店进行库存校正、不动销商品处理、商品结构优化、陈列布局调整等，帮助门店改善形象，提高销售与盈利能力。至12月底，共有48家门店参与优化。优化后的门店，出货平均增长259%，非烟销售平均增长37%，非烟毛利率平均增长27%，动销率平均增长38%。

（6）2012年11月。

◆门店经营管理高级研修班正式开班，帮助老门店拓宽经营思路，提高经营优化技能，标志着公司在老门店的培训上，跨出了新的一步。

◆公司推出自有品牌“淳风派”，品牌定位为时尚休闲小食，包括炒货、果脯蜜饯、肉脯素食、饼二膨化等品类，有利于美宜佳门店与同行形成差异化经营，提高商品竞争力。

◆美宜佳在线平台荣获“2012年度中国零售创新奖”。

（7）2012年12月。

◆全年新开门店1399家。其中，4月创造单月开店151家的新纪录，7月进驻梅州地区，12月深圳门店突破1000家。美宜佳门店总数超过4650家，继续保持国内便利店行业的领先地位。

◆2012年便民服务深入拓展与推广，新增支付宝手机付款、财付通充值、Q币直充、代收包裹等4个项目，美宜佳便民服务项目总数达30项。

2013年

（1）2013年1月1日，新店开业平台正式上线，电子化的开店与续约流程，让加盟流程更加清晰，提高了新开店的服务水平和效率。

（2）2013年4月。

◆四川雅安7.0级地震后，总部及门店员工积极筹集13万元爱心物资送到灾民手上；其后，再向雅安灾区孩子捐赠学习用品3万多元，体现了美宜佳人的爱心。

◆美宜佳着手研究微信平台，年底重建“美宜佳”官方微信，结合微营销的学习研究，12月底推出第一期微友专享活动，将线上线下会员引流到门店支付，体现了会员身份的尊贵感，也增强了门店与会员的黏度。

（3）2013年6月。

◆成功举办“美宜佳好声音”。总部和门店一起开展业余歌唱比赛活动，不但丰富了美宜佳人的业余生活，而且创建了一个收获友谊、爱情、自信、希望、正能量的大舞台，传递了美宜佳“开心工作，快乐生活”的企业文化。

◆门店“赚钱平台”正式上线投入使用，其整合了门店空间和营运专家功能，汇集了工作提醒、日常营运、经营诊断、沟通交流等多项功能，能对门店的经营状况进行诊断分析，并给出相应的改善建议，能够切实、有效促进门店经营水平和盈利能力的提高。

（4）2013年7月。

◆美宜佳16周年庆首创以嘉年华形式并成功举办，场面空前，星光闪耀，总部员工与5000多名店长齐聚一堂，共享了一场前所未有的欢乐盛典，增强了总部与门店之间的凝聚力。

◆6666新形象店诞生，门店VI形象、格调、装修、设备、功能、内容、商品等有了新标准，并配备全套设备经营鲜食，对未来品牌形象升级有重大作用，也预示着美宜佳已步入了转型升级的阶段。

（5）2013年8月，美宜佳首次以服务商的形式参加“东莞国际动漫展”，并于10月再次参加“厚街国际车展”，向社会全面展示了美宜佳的新服务、新形象，获得了一致认可和诸多好评。

（6）2013年9月，会员营销项目重新启动，改变了单一的积分优惠方式，逐步打造“积分换购、积分抽奖、会员活动、商家联盟”的会员价值体系，并以全新的形象面向社会开展一系列会员体验活动，提升了会员体验，给广大门店带来更多的忠实顾客。

（7）2013年10月，公司统一规划推进鲜食项目，为消费者提供了“品质放心、新鲜美味”的鲜食服务，提升了门店的核心竞争力，让门店有了更加强劲的利润增长点。

（8）2013年11月23日，美宜佳与支付宝公司联合举办“支付宝钱包条码支付”新闻发布会，成为国内开展此业务的第一家连锁便利店企业，受到国内媒体的广泛关注，也受到广大消费者的赞誉，公众号粉丝数量一天之内突破10万，为美宜佳实施线上微营销奠定了良好的基础。此外，代收包裹、全国直充、家庭服务、支付宝卡等便民新项目陆续上线，这些项目都是结合移动互联网、迎合消费者需求的首创，丰富了便民服务内容，增强了美宜佳门店的竞争力。

（9）2013年新开门店1284家，其中5月份新开门店171家，创单月开店历史新高。全年有效门店数突破5580家，继续保持稳健发展势头。

2014年

（1）2014年1月。

◆新营销平台正式上线，1月4日“周一1元抢”“全城扫黄”等一系列营销活动亮相。

◆美宜佳韶关事业部成立，与此同时潮汕揭事业部走进潮州和揭阳。

（2）2014年3月。

◆美宜佳（福建）便利店有限公司成立，开启了美宜佳发展省外市场的新篇章。

◆美宜佳入股华雪冷链，为美宜佳门店冷冻冷藏商品配送提供了更好的保障。

（3）2014年4月，美宜佳“旗舰店模式”确立，第一家旗舰店9143惠州仲恺陈江三星美宜佳隆重开业。各区事业部旗舰店相继开业，成为美宜佳的形象展示窗口和培训基地。

（4）2014年7月，美宜佳“美好生活”17周年嘉年华盛大开幕，5900多位店长、300位消费者及供应商代表齐聚东莞体育馆共襄盛典，促进了门店、消费者、厂商、总部的互动交流。

（5）2014年8月。

◆美宜佳与赛捷软件（上海）有限公司联合启动了CRM消费者互动营销平台项目，将为更好地服务消费者提供数据支持。

◆旗下彩洋科技公司独立运作。

◆美宜佳微信公众号粉丝数量突破100万，全年共计6000多家门店参与新营销，线上会员突破250万人。

（6）2014年9月，第一家合作加盟店——9786梅州蕉岭溪峰路美宜佳隆重开业，标志着美宜佳在探索店铺发展新模式上迈出了第一步。

（7）2014年10月，旗下彩业企业管理有限公司（美宜佳商学院）成立，致力于培养门店经营管理适用型人才，为美宜佳转型升级提供人才保障。

（8）2014年12月。

◆美宜佳在广东及福建的22个城市共设立21个事业部，全年新开门店有1306家，有效门店数为6302家。

◆历时18个月建设的旗下秋田视佳物流园（美宜佳大亚湾食品加工及物流配送中心）竣工。

2015年

（1）2015年1月，各事业部首次以白皮书的形式制订全年计划，更加直观、科学、全面地制定了年度目标，取得了良好的效果。

（2）2015年3月，实施美宜佳加盟准入评估模式。通过加盟流程审核，委员会对总部、事业部及门店的业务流程进行了大量的修整，让工作效率得到了极大的提高。加盟服务平台日益成熟，支撑新店保质保量发展。

（3）2015年4月1日，福州事业部第一家店——F045福州鼓楼建华支巷美宜佳隆重开业。

（4）2015年5月。

◆2015年中国便利店大会召开，美宜佳便利店荣膺“2014年度中国便利店”大奖，这是对美宜佳实力的肯定，也体现出美宜佳在便利店行业中起着举足轻重的作用。

◆“美宜佳核心能力素质模型建置”项目顺利启动，将更好地提升员工核心能力素质，为公司未来可持续发展打下坚实的基础。

◆创造单月开店185家的新纪录。

（5）2015年7月，美宜佳18周年嘉年华拉开序幕。4日，美宜佳员工“醉美贵州”之行，增进了员工之间的交流，增强了团队凝聚力；13日，7000名店长汇聚东莞体育馆参加18周年嘉年华的欢乐盛典，促进了总部与门店之间的交流和互动。

（6）2015年9月。

◆美宜佳商学院与东莞技师学院正式启动“连锁经营管理”冠名班，探索通过英国学徒制培养高级店长，标志着美宜佳开启了人才培养新模式，为公司的人才储备与培养打下坚实基础。

◆有效门店数突破7000家。

◆F119福州晋安凯隆公寓美宜佳开业，至此福建门店数突破100家。

（7）2015年10月15日，成功举办首期福建公司加盟投资说明会。

（8）2015年11月，成立美宜佳深圳、东莞、广州、粤东、粤西5个大区。至此，职能全面下移，使得各区门店拓展、管理等可以因地制宜开展工作，更高效地服务门店。

（9）2015年新开门店超过1600家，其中福建省新开门店120家，美宜佳门店总数达7400家。福建美宜佳的快速发展，为美宜佳走向全国树立了信心，美宜佳的特许加盟事业继续蓬勃、稳健地发展。

2016年

（1）2016年1月，进驻茂名、阳江、湛江地区成立茂阳湛事业部。至此，美宜佳发展版图覆盖了广东省所有的21个地级市，实现了从东莞走向珠三角、走向全广东的战略规划。

（2）2016年3月，美宜佳商学院正式导入“英国现代学徒制”职业培训模式，结合美宜佳实际，建立了加盟服务课长、开业指导及职业店长等岗位任职标准，规划了系统的学习路径，并通过多层质量体系监控，规范了人才培养模式，有效提升了关键岗位人才的专业能力，保障了公司的人才储备。

（3）2016年9月。

◆美宜佳云平台（MPOS与MPS）正式上线，这是美宜佳自主研发的、拥有自主知识产权的云平台，为美宜佳集团化、多组织和全国发展提供了强有力的信息系统支持。

◆筹建湖北大区和江西大区，标志着美宜佳开始了全国布局的步伐。

（4）2016年10月，为适应社会消费升级，全面启动美宜佳品牌升级工程，对品牌定位、品牌口号、品牌价值等核心理念进行了全面梳理，正式推出了第四代门店新形象，有效提升了美宜佳品牌识别度和门店市场竞争力，为加快企业升级打下基础。

（5）2016年12月。

◆2016年，美宜佳继续稳健、高速发展。新开门店2078家，有效门店总数

9175家（广东8850家，福建264家，湖南61家），全年业务同比增长超过25%，超额完成全年目标计划。美宜佳真正实现深耕广东，走向全国的发展战略。

◆2016年，在福建业务发展的基础上进驻湖南，逐步建立店铺拓展与营运、采购与供应链、人力与财务等系统复制能力，为探索美宜佳可复制的省外发展模式奠定了基础。

◆2016年，应用大数据、云计算、安全、社交、移动等信息技术，全面重构美宜佳运营体系，推出了数字营运平台、加盟服务平台、智能报表平台、O2O营销平台、合伙店平台、数据驱动业务平台、画像及标签平台、智能客服平台、统一采购平台等9大服务平台，为加盟伙伴提供精准化和个性化服务，全面推动美宜佳运营服务能力的提升。

◆2016年，店铺发展在特许加盟模式基础上，推出了“合伙加盟”新模式，实现投资与经营权分离，突破了特许加盟模式的管理困境，让投资者、经营者与总部三方得到有机结合，更有利于品牌的可持续发展。

◆2016年，美宜佳在广东、福建、湖南三省成立了7个大区，通过实践摸索形成“大区—事业部—加盟服务课”的基准组织架构，并通过有效管控将总部经营与管理权下移到大区。一线团队潜能逐步得到激发，创业氛围与创新效果明显，创造了多个“历史新高”，成为美宜佳高速发展的动力源泉。

◆2016年，为满足集团化发展需要，美宜佳全面进行组织体系顶层设计，确立了美宜佳的总体架构和权责划分，明确了总部与大区、子公司的管控模式，建立了“中心/大区—部—课—组”的4层管理架构及职位体系，为公司人才发展体系建设、薪酬绩效优化、股权激励改革等工作打下了基础。

2017年

（1）2017年3月。

◆3月9日，湖北首批5家门店同时开业，美宜佳正式进入湖北市场。

◆3月12日，江西10家门店同时开业，美宜佳正式进入江西市场。

（2）2017年4月。

◆4月21日，福建首届厂商联谊会隆重举行。

◆4月26日，湖南门店数量突破100家。

（3）2017年5月。

◆5月25日，东莞彩泉小额贷款有限公司成立。

◆5月26日，美宜佳第10000家门店在东莞开业，总部大楼升级改造落成，标志着美宜佳步入了万店发展阶段。

◆5月28日，深圳门店数量突破2000家。

（4）2017年7月15日，美宜佳“花开中国，相伴万家”20周年嘉年华隆重举行，同步发行了品牌宣传歌曲、企业传记，10000多家门店共同举杯欢庆美宜佳20岁生日。

（5）2017年9月，省外美宜佳发展迈向新里程。

◆美宜佳总公司组织优化顺利实施，完成了“总公司—子公司—大区”三级组织架构，管理职权全面下移，激活前线发展动力。

◆广东美宜佳成立，下设6个中心、5个大区，全年新开门店2761家，步入稳健高速发展快车道。

（6）2017年10月，美宜佳零售智能化经营平台初步构建，有力支持美宜佳全国业务的快速发展。

（7）2017年12月，全年美宜佳新开门店数创历史新高，省内外新开门店合计3378家，全国门店总数达到11727家。美宜佳向全国稳步迈进。

2018年

（1）2018年3月，正式启动合伙人持股计划，首批试点子公司为彩华商贸和湖南美宜佳，为各子公司实施股改积累了经验。

（2）2018年6月，美宜佳数字化经营模式获行业肯定，通过商城、外卖、优惠券、小程序等全渠道提升对1万家门店的营销支持，精准触达消费者，帮助门店智能化管理线上线下终端。

（3）2018年7月，确立美宜佳S2B2C新商业模式，并发布会员、门店、供应链3大智能平台，实现全场景、全渠道链接与服务3大客户。

（4）2018年10月，确立“现卖+外卖+电商+增值服务”作为新时代美宜佳门店盈利模式，未来将围绕4大重点全面提升门店盈利能力。

（5）2018年11月。

◆美宜佳推出高标准店形象，为未来参与更高维度市场竞争打下基础。

◆美宜佳组织变革进一步深化，成立广东总部，各域总部逐步实现独立运营。

◆美宜佳品牌美誉度持续提升，先后荣获10余项行业荣耀奖项。

◆总公司信息中心升级为信息总部，形成“小前台+大中台”的全新组织架构，建立一套基于云结构的、多级数据互通反馈的系统，支持美宜佳全国业务快速发展。

◆延伸产业持续稳健发展，新成立彩真鲜食、彩乐智能零售等子公司，并启动湖南产业园建设项目。

（6）2018年12月，美宜佳全国发展战略稳步推进，2018年新进入海南、贵州、苏浙沪等地，全年新开门店5066家，全国有效门店15559家，形成14地90多座城市发展布局。

第二节　美宜佳的市场布局

美宜佳便利店自成立以来，门店发展以广东为中心，稳步布局全国。至2019年8月，连锁店数超过18000家，主要分布在广东、福建、湖南、江西、湖北等120个城市，2018年进入苏浙沪地区，形成华南、华中、华东三大发展区域。现在，美宜佳每月新增300～400家门店，正以稳健快速的发展步伐，快速奔向全国。哪里有伙伴，哪里就有美宜佳的足迹。

深耕广东市场

2017年，美宜佳新增门店3378家，营收超过100亿元，占全国便利店市场份额约10%，在国内所有便利店品牌中占比最高，是排名第二的便利店品牌天福便利店的4倍左右。

尽管美宜佳市场表现良好，但是北方消费者对美宜佳应该并不熟悉。因为在近10年的时间里，美宜佳一直深耕南方区域，并没有像全家、7-11便利店、喜士多这样跨区域广泛布局全国。从1997年创立到2014年，美宜佳深耕在珠三角地区，单在深圳居民社区就落地1300家便利店，即平均每7000人就覆盖一家美宜佳门店，与7-11便利店在日本的总体密度接近。直到2016年，在美宜佳9300家门店中，超过8000家布局在广东。

7-11便利店与美宜佳便利店的主要区别如下表所示。

7-11便利店与美宜佳便利店的主要区别

企业 项目	7-11便利店	美宜佳便利店
成立时间	1927年	1997年
区域特点	一线、二线大城市（北京、天津、成都、台湾等）的商业繁华区	城市（以广东、福建、湖南等南方地区为主，呈区域分布）的社区、居民区
目标用户	大城市白领	普通的大众群体
面积	100平方米左右	50平方米以上
加盟模式	特许加盟／委托经营	特许加盟
投资金额	80万元／35万元	25万～30万元

区域分布

和7-11便利店、罗森便利店、全家3家便利店的高端定位不同，美宜佳代表的是大众品牌，定位为居民消费群体，呈现区域化的分布特点。

布局城市社区

在深耕区域模式中，美宜佳密集布局城市社区，并以“保证每一个社区单店盈利”为美宜佳成功的关键。密集布局方面，美宜佳认为“只要社区有足够的人，就会开店”，比如2001年美宜佳就在东莞密集落地，在所有管理区都开设了门店。

布局邻省市场

2014年以后美宜佳开始涉足包括福建、湖南、湖北、江西等邻省市场。据美宜佳官方网站数据，2017年福建省门店目标突破470家；2017年湖南省门店目标突破200家；2017年湖北省门店目标突破50家；2017年江西省门店目标突破90家。

布局福建市场

2014年4月13日，美宜佳开启了发展省外市场的新篇章，正式穿过广东省地图，走向美丽的海滨城市福建省厦门市，在这里撒下第一把梦想之花的种子。

福建第一家美宜佳门店

历经前期市场调查、选点找铺、商品采购、设计装修、系统测试等可想而知的艰辛困顿之后，福建省第一家美宜佳门店——F001厦门电子城美宜佳最终在万众期待之下于4月13日凌晨隆重试业了。明亮的灯箱招牌，宽敞舒适的购物空间，暖人心怀的服务，处处窗明几净，鲜食轻轻飘香，每个细节都显现出美宜佳做好省外市场的坚定决心。

店内布置

新的市场充满未知和挑战。拓展人员说，消费特点难以把握，选铺时忐忑不安；采购人员说，商品结构难以确定，采购成本难以控制；配送人员说，从广东配到福建是个大难题……种种现实的问题成为省外开店的阻碍，但这些都阻挡不了美宜佳人的激情。怀着紧张心情的第一天试营业，销售额突破万元，为美宜佳在福建的发展奠定了坚实的基础，也印证了省外市场的广阔前景。

布局湖南市场

2016年3月24日，对于美宜佳来说这一天是历史性的一天。在这个平凡的日子里，有6家门店在湖南省同时开业了，这是美宜佳前进道路上的新的里程碑。

2015年底，美宜佳湖南分公司正式成立，一群年轻人怀揣着创业梦想，为美宜佳人共同的事业来到了这片陌生的土地。从茫然四顾到熟悉很多街道、很多住宅，这群年轻人用坚持和努力写下了对新市场的信心。经过4个月的紧张筹备，在长沙、株洲、湘潭先后确定了6家门店铺位，并大胆选择了在同一天开业。

相关链接

湖南美宜佳门店突破200家

作为国内规模较大的便利店企业，美宜佳又迎来了一次荣耀绽放的时刻。2017年10月13日，湖南美宜佳门店正式突破200家。

2015年10月，为了心中那份愿景，一群人齐聚潇湘。

2016年3月，仓库投入使用，开始了我们万里长征的第一步。

2016年3月，湖南美宜佳六店齐开。你见证了我们“蹒跚学步”的开始，那时我们还很弱小。

2016年5月，湖南美宜佳正式启动加盟，越来越多的兄弟姐妹加入到美宜佳家庭中来。

2016年8月，美宜佳新形象落地，致力于打造更具本土化思维的连锁便利店。

2016年9月，美宜佳进驻衡阳与耒阳，快速打开湘南市场。

2016年11月，美宜佳进驻益阳市场，长、南、北三大市场格局初步形成。

2016年12月，湖南美宜佳在衡阳开启了第100家门店。你陪伴我们度过了风雨兼程的一周年，我们在茁壮成长。

2017年4月，湖南美宜佳周年庆，这一年我们的成长突飞猛进。

2017年5月，娄底首家美宜佳开业，标志着湘中地区市场的开拓。

2017年7月，美宜佳总公司20周年庆，20年的沧桑岁月，20年的春华秋实。

2017年8月，美宜佳进驻常德与岳阳，开发了湘北市场区域。

2017年10月，美宜佳进驻邵东，首店湘00249开业，湘西南地区市场就此打开。

2017年10月，第200家门店在岳阳中央公园盛大开启。

布局湖北市场

2016年11月26日，美宜佳（湖北）便利店有限公司正式成立了。这是美宜佳在广东省外发展过程中，继福建、湖南之后进入的第三个外省省份。

湖北省是一个商贸发达、城镇化程度高、发展后劲足、全国高校数量排名第二的省份，是众多便利店品牌角逐之地。在开发前期，美宜佳已对市场环境、公司定位及相关策略做了调研和准备。11月26日举行的揭牌仪式，意味着美宜佳正式踏上荆楚大地，将为湖北市民带来“优质、便民、贴心、独特”的便利生活。

相关链接 》》

昂首向前，湖北五店齐开

2017年3月9日，湖北美宜佳首批5家门店一起开业，在江城点亮了新的色彩灯，渲染了湖北的夜空，为湖北人带来更加便利的服务。美宜佳，广东居民身边最亲密的一个朋友，经过20年，终于来到了湖北。

开业当天，5家门店彩旗飘扬，场面盛大，喜气洋洋。店前锣鼓喧天，舞狮表演精彩助阵，现场热闹非凡，吸引了不少消费者前来关注，一同见证美宜佳在湖北市场开花结果的历史一刻。

为了让首批门店顺利开业，湖北美宜佳人在筹备期间不分昼夜、连续作战，克服了种种困难；在开业期间不计回报、加班加点，努力为新店业绩添砖加瓦。正因为有了这些台前幕后美宜佳人的忙碌和付出，湖北首批门店开业迎来了“开门红”：5家门店开业当天，非烟销售额平均突破2万元！这个好兆头，预示着湖北美宜佳美好的前程！

现在，湖北美宜佳已经迈出了最困难的第一步，接下来我们将加紧步伐，用我们“优质便民，贴心独特”的服务和品质，让美宜佳走进更多湖北人的生活，让美宜佳成为湖北人民更亲近的伙伴！

布局江西市场

2017年2月23日，江西美宝佳便利店有限公司正式揭牌开业。这是美宜佳在广东省外发展过程中，继福建、湖南、湖北之后进入的第四个外省省份。

江西省地处我国长江中下游，是中国革命的摇篮，是中国人民解放军的诞生地，同时也是美宜佳进驻华东地区的桥头堡，更是美宜佳人大展身手的好地方。据前期调查，江西南昌、九江等城市消费群体以年轻人居多，消费实力较高，且南昌市还有专项政策补贴，鼓励连锁便利店发展，可谓集齐天时、地利、人和，这让江西分部的美宜佳人充满信心。

经过前期的办公选址、物流配送选址、人员招聘、团队组建、货源筹备、店铺签订、营销方案制订、装修陈列等筹备流程，在全体同事不眠不休的精心准备下，2017年3月12日，十店齐开，盛况空前。

相关链接》》

江西美宜佳第60家店开业大吉

阳光明媚，小风轻拂。2017年9月寻常的一天，因为赣00060店的开业而变得与众不同！美宜佳在2016年9月进入江西，2017年3月十店齐开，2017年9月第60家门店开业。从0到10，从10到60，短短一年光景，美宜佳见证了江西大区的快速成长。

锣鼓喧天，鞭炮齐鸣，红旗招展，人山人海。这是赣00060店开业时最真实的写照。不少路人纷纷停下匆匆的脚步，驻足观看。周边小区里的居民也寻声而来，一睹美宜佳的风采。剪刀剪断红绸的那一刻，正式预示着江西美宜佳突破60家门店！

作为国内规模较大的便利店品牌，美宜佳总门店数已经超过11000家，足迹遍布8个省市区的54座城市。但对于一年前的江西市场、江西人民来说，美宜佳是完全陌生的存在。现在，整整一年过去，江西美宜佳已经拥有了超过60家的门店，在江西便利店市场上占据了一席之地。美宜佳照亮着这片土地的夜晚，标志性的Logo格外耀眼。有顾客曾经这么形容美宜佳和其他品牌便利店的区别：“其他品牌的便利店只是便利店，而美宜佳的招牌Logo像是小房子，红色让人感觉温馨，很有家的感觉。”

加速全国扩张

美宜佳的2018年，从一个月内连进三地市场起，便定下了加速全国扩张的基调。2018年1月3日与16日，美宜佳分别在重庆、郑州新开12家门店；18日，又有10家美宜佳新店出现在广西南宁。

2018年7月，安徽美宜佳经过半年的筹备，已经做好合肥、阜阳、六安、马鞍山、芜湖、铜陵等8个城市的门店入驻和网点布局，建成7000平方米立体仓库和辐射全省的物流网络，完善培训资源建设等前期筹备工作，具备服务加盟客户和门店的能力。未来安徽美宜佳将面向安徽全省开放加盟平台，完成未来3年开500家门店、5年开1000家门店的既定规划。

相关链接》》

便利店在我国的发展前景

目前，我国约有10万家便利店，2018年的销售额大概是2264亿元，同比增长18.8%。这种商业业态通常在两个条件下会有比较好的发展空间。

第一，人口密度要高。

便利店的辐射半径很小，通常在大都市里的辐射半径为300～500米，如果没有足够的人口密度的话，便利店是很难生存和发展的。

第二，消费者的消费能力要高。

也可以说，消费水平要达到一定的门槛。国外有一种说法，人均GDP达到2000～3000美元是便利店生存最基本的门槛。当人均GDP或者消费能力太低时，便利店就很难做起来，毕竟便利店不是以低价为主要诉求的商业业态，便利店的主要诉求就是便利。

所以，人口密度高和达到中等水平的消费能力，是便利店发展起来的两个最基本的条件。

综上所述，这两个条件在我国其实是完全具备的，这也是过去几年便利店每年几乎以两位数的速度增长的原因。比如2017年，便利店的年增长率达到13%，这在实际零售中是非常高的数字。

2017年以来，很多所谓的无人零售、无人超市纷纷抢滩便利店市场，说明这个市场的需求很旺盛。

回过头来看我们会发现，我国的便利店其实还有很长的路要走。这样说，是因为目前我国的便利店显现出以下几个特点。

1. 连锁化程度低

在目前的近10万家便利店里，真正实现连锁经营的不到10%，这意味着有90%的便利店是独立经营的。这跟日本、韩国及我国香港、台湾地区的便利店均以大型的连锁体系来运作的形式是截然不同的。因此，我们有理由相信，在今后的几年内，我国的便利店可能会逐渐走向连锁化。

2. 对于供应链的介入程度也比较低

供应链的介入程度和其连锁化程度也是有关系的，比如，是否有如7-11一样的中央厨房，是否有统一的仓储配送系统，是否有能力去开发自有品牌，等等。

由于对上游供应链的把控力较低，所以，大部分独立的便利店还是需要供应商把货送到店里，然后再用现金结账，最后实现上架、销售，形成一条龙的传统形式。

所以，供应链方面的挖掘，可能是我国便利店发展的第二个机会。

3. 便利店未来的一个很大的发展空间，可能是便利店社区化

我国各大中城市的居民小区多则几千户，少则几百户，其本身就是典型的便利店载体，而这种场景可以说在世界范围内是独一无二的。

社区的特点大家都知道，第一，居民相对比较集中，而且是相对封闭的环境，彼此的亲密感、熟悉感、信任感会比较高；第二，社区便利店的租金和运作成本比较低。

所以，结合我国社区化的特点，社区会成为便利店下一步发展很重要的滩头阵地。

第三节　美宜佳的战略扩张

目前全国性的连锁便利店，论店面数量，美宜佳是最多的，超过18000家；论品牌影响力，在本土连锁便利店中，美宜佳暂时排第一。现在各大连锁便利店品牌都在迅速扩张，美宜佳也不例外，正加速战略扩张。

提前做好准备

据业内人士分析，整个广东的便利店容量大约为30000家，美宜佳作为便利店龙头，在门店规模以及市场密度等方面，已经很难获得大幅度增长。为此，全国性扩张是美宜佳发展的必由之路。

“立足广东省，拓展全国市场”是美宜佳4大发展战略之一。而2016年以前，美宜佳的战略规划还是“从东莞走向珠三角，走向全广东”。改变源于2016年1月，当美宜佳门店完全覆盖广东省21个地级市市场后，公司管理层开始从系统、人才、供应链等方面提前布局，为加速向全国扩张打下基础。

系统布局

但业界真正注意到美宜佳处于爆发阶段时，已经是2017年5月美宜佳开第10000家门店时。从这一角度来说，市场对于传统便利店企业的相对忽视，为美宜佳这样的本土品牌快速扩张提供了方便。

（1）改革组织架构。

美宜佳首先从基准组织架构开始改革。它在广东、福建、湖南等地成立了7个大区，在湖北等地则以子公司运作形式，逐渐形成了“大区—事业部—加盟服务课”的基础形态。有了体系保障，美宜佳逐步将总部的经营权、管理权下放到大区，使得一线团队掌握更多的自主权，“这是为了激发团队潜能，突出创业氛围和创新效果”。

（2）改造顶层设计。

随后，美宜佳从组织体系的顶层设计进行改造，例如将管理架构明确为“中心／大区—部—课—组”4层职位体系，将总体管控模式聚焦在总部与大区、子公司之间等。只有这样，美宜佳才能在人才体系、薪酬绩效优化以及股权激励改革等方面逐步调整。

人才布局

以人才体系为例，美宜佳目前形成了3大培养机制。

（1）针对门店的定期训练班。

针对门店的定期训练班，主要以加盟店的店主、店长和店员为主，一般允许3人同时参加。据了解，下图所示的都是美宜佳针对门店给出的培训内容。

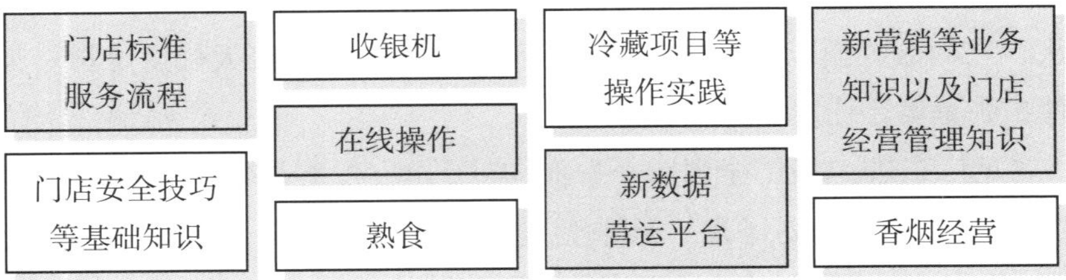

针对门店的培训内容

（2）针对管理团队引进的现代学徒制。

美宜佳针对管理团队引进了现代学徒制，整个项目评估架构分为四层，其中管理培训生相当于学徒，评估师与合伙店店长充当企业导师，再上一层是内审员，而顶层把控则由美宜佳设置的外审员负责，如右图所示。

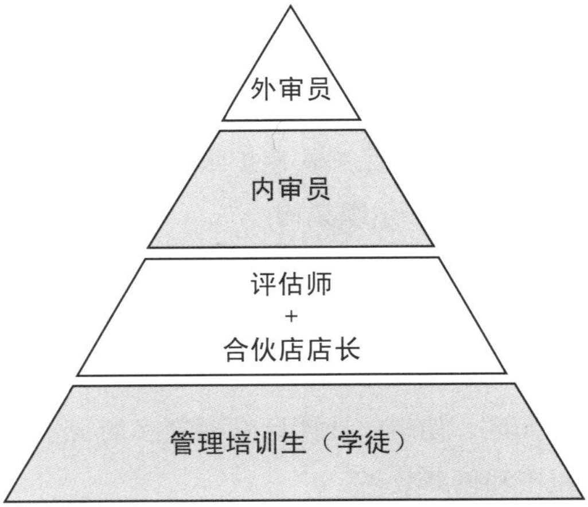

项目评估架构

上页图中，各项目人员的职责如下：

管理培训生（学徒）——在工作中自主学习、取证，使所学知识和技能符合企业制定的单元标准。

合伙店店长——在工作中负责按照单元标准和学习计划，教授知识和技能，关心学徒工作和生活状态，辅助评估师取证。

评估师——收集和把控管理培训生的证据是否符合单元学习标准，专注于管理培训生的个人心理和知识的拔高，激发管理培训生的学习兴趣，帮助提升管理培训生的个人素质。

内审员——审核管理培训生上传的证据，监控评估师评估流程是否符合标准，把控整体质量。

外审员——准确称呼应该是国家注册审核员，是从事第三方认证，即认证公司认证审核工作的人员的俗称。

资讯平台

据美宜佳商学院相关负责人透露，学徒制能够为美宜佳加速全国扩张不断供给人才，并且让公司在岗位标准、培训教材体系以及培养方式等方面逐渐有据可循。

（3）针对业务骨干的储备干部训练营。

美宜佳挑选业务骨干进行培训的储备干部训练营，培训内容包括培训能力、下属培养、沟通能力、学习能力、团队管理、领导能力6个板块，一般需要5个月。按照美宜佳规划，只要通过储备干部训练营的人才，都有可能成为高层管理者。

供应链布局

在完善的系统布局和人才布局的基础上，美宜佳以大区为单位，搭建仓储配送中心，开始为全国扩张打下供应链基础。拿美宜佳进驻湖北市场来说，门店尚未开业前，它们就在武汉黄陂区建造了总面积6000平方米的立体仓库，可以满足2500个商品仓库的分拣、配送、冷链功能。

而在商品配送端，美宜佳主要以第三方公司外包为主。从目前来看，美宜佳的具体配送模式如下图所示。

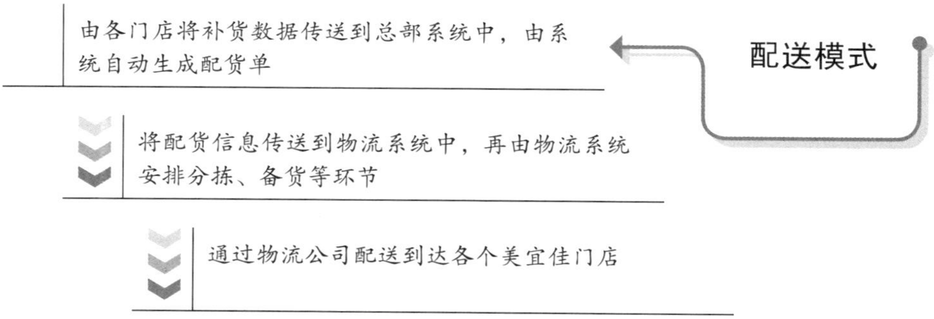

美宜佳的配送模式

资讯平台

公开信息显示，美宜佳东莞市内门店的配送是外包给东莞时捷配送物流有限公司来做的，东莞市以外门店则主要由龙邦物流负责，目前可以做到对常规商品进行两日一配，冷链商品一日一配。

推动线上线下业务升级

长期以来，美宜佳被看作松散型加盟便利店的代表。门店管理相对较弱、商品定位更重性价比，主要针对二、三线市场的社区商圈，是美宜佳的主要特点。这让美宜佳比罗森、7-11等日资便利店品牌发展得更快，又比芙蓉兴盛等B2B式便利店管控性更强。但从美宜佳的近期动向来看，它正在向强化商品品质、提高精细化运营能力、拓展经营边界等方面努力。

线下业务升级

2017年10月25日，美宜佳在广州开出一家旗舰店。该店主打鲜食，仅熟食品类就有数十个品类，包括早餐糕点、关东煮、麻辣烫、车仔面、盒饭、欧包、鲜榨饮品、热饮咖啡等多种单品。据美宜佳方面透露，其鲜食自有品牌名为“碗悦派”，主要针对年轻白领客群。

由此可以看出，美宜佳已经在品牌定位上进行了优化。其最新打造的标准店，使用了第四代门店形象，目的是应对便利店产业升级与消费升级，从而吸引中高端客群。

以广州体育路一家门店为例，该店面积约为80平方米，分为收银区、鲜食区、货架区以及休闲区。从经营内容来看，它突破了鲜食品类以关东煮、盒饭为主打的限制，尝试经营广式早茶，多达十几个品类。这家店每天约有8000元销售额，全店配置6名员工，根据销量、人流量安排班次。从销售数据来看，鲜食占比最高。

与第三方合作布局线上

此外，引入第三方合作伙伴，对接外卖平台、科技公司、增值服务等板块是美宜佳布局线上、打造社区开放平台的重要策略。

一方面，美宜佳计划通过与实体门店形成商品差异化的B2C业务布局线上。所谓商品差异化，是指美宜佳线上商场主要经营生鲜、酒水、美妆、跨境购、日用品等品类，与传统便利店线上商品结构明显不同。但是，该线上商场的商品配送、仓储是由供应商来做，美宜佳只提供开放平台，通过转化其1300万微信粉丝会员导入流量，为供应商开设线上店铺提供支持，随后逐步提升会员的销售转化率。

另一方面，美宜佳希望将门店改造为前置仓，利用O2O业务推动线上线下一体化。它们与闪电购合作，首先通过美宜佳外卖小程序运营，其次接入美团、饿了么等第三方平台，利用店员自己配送与第三方平台配送两种方式运营。据相关负责人透露，美宜佳目前上线的门店数已经突破500家，单月线上销售额超过150万元。

加强战略合作

所谓企业的战略合作，是指企业双方或多方为了自身生存、发展和未来而进行整体性、长远性、基本性谋划，并在合作期间实现共赢的一种合作方式。

战略合作可以使企业的竞争力增强，外部交易内部化，并降低交易及获取信息的成本，提高生产经营和分配的效率，对资源的配置和生产结构的调整起到积极的作用。

22年来，美宜佳与战略合作伙伴紧密合作，实现共赢。伴随着美宜佳的不断发展，战略合作伙伴也取得了快速地成长。

相关链接》》

伊利新品首发美宜佳　两大品牌深入战略合作

2017年4月16日，美宜佳携手伊利集团在东城万达广场举行了隆重的新品首发仪式，为伊利集团2017年推出的新品之一“味可滋咖啡牛奶”亮相全国市场做好铺垫。

美宜佳、伊利集团及经销商伟盛的相关领导出席了本次首发仪式，为美宜佳与伊利两大品牌进一步加深战略合作伙伴关系迈出了坚实的一步。

首发会上，美宜佳表示：“美宜佳与伊利集团达成了战略合作伙伴关系，将会进一步在商品研发、数据营销以及品牌推广等各方面形成合作关系。此次的首发会，是伊利新品上市活动的重要环节之一，是伊利第一次将新品的全球首发放在便利店渠道，也是美宜佳第一次与厂家合作为广大消费者提供专属的福利。更重要的是，这将推动品牌厂家、便利店消费者形成互通互联的营销新时代。为此，美宜佳和伊利共同策划了很多活动，首先是在9000多家门店中率先同步上市伊利新产品；其次是在美宜佳的微信公众号、微博等社交媒体跟广大消费者互动。”

伊利集团表示：“此次首发会极具历史意义。伊利集团将新品的全球首发放在美宜佳，是基于日常的良好合作。将伊利产品推向世界是伊利的发展目标，而味可滋是伊利的重要战略产品。味可滋系列产品用品质赢得口碑，用创新实现价值。”

此次首发会还吸引了各区域的粉丝消费者前来参与。在现场众多消费者的见证下，在双方工作人员的共同努力下，新品首发会圆满结束。这意味着消费者将会在美宜佳各门店看到“味可滋咖啡牛奶”新品出售。

美宜佳和伊利两家企业虽然属于不同的行业，但有一个共同点，就是都致力于为消费者提供优质的商品和独特的体验。此次美宜佳与伊利的合作，意味着两家企业的合作关系会更亲近、更密切。

第四节　美宜佳成功的秘诀

1997年，在莞城花园新村农贸市场旁，第一家美宜佳门店低调开业。如今，经过20多年的发展，美宜佳拥有了18000多家门店，是中国便利店行业的佼佼者。在东莞这个二线城市，用22年时间，把便利店做到全国第一，“中国便利店之王”美宜佳是怎么做到的呢？

准确定位，稳健发展

美宜佳并没有盲目照搬7-11等品牌便利店大多聚集在闹市区、写字楼的发展模式，而是有自己的思考，更多地选择在居民区、工业区甚至城乡接合部等租金低廉的地方开店。

正确选址

当年美宜佳刚创立的时候，沃尔玛和家乐福也要落户东莞。在20世纪90年代初，东莞这个制造业城市比较特殊，很多港、台商投资的工厂将东莞分割成一镇一产业、一镇一中心的格局。东莞市中心的房价并非全市最高，房价最高的也不是交通中心，东莞有很多工业区，而适合大型百货超市生长的商圈却屈指可数。

在一个孤立的工业区能开家乐福吗？开不了。但是工业区内又有消费需求，所以就要开小店。基于工业区的选址策略让美宜佳迅速找到了自己在市场上的位置。

便民服务

22年来，围绕“社区便利生活中心”的市场定位，美宜佳推行线上线下结合的经营方式，经营内容涵盖数千种商品及30多项便民服务。目前，美宜佳每天服务顾客超过500多万人次，成为人们生活中更亲近的伙伴。

经过22年的发展，美宜佳已形成一个以便利店为主业，多业态延伸发展的生态产业链，继续保持稳健快速的发展步伐，奔向全国。

主打加盟，快速扩张

美宜佳的飞速发展，很大程度上得益于它一直主打的加盟模式。

低门槛加盟

中国便利店的加盟业态往往被分为两种，一种是像全家那样依靠加盟商的利润分成获利，另一种是通过向加盟商收取进场费和配送费获利。

比如，某知名便利店品牌，加盟费是6万元，还要交20万元保证金，每月还得返还50%的毛利回总部，加上选址往往位于中心地段，铺租和人工成本的压力也很大。

但美宜佳从一开始就试图将这笔加盟费投入控制在20万元以下，这种低门槛的加盟模式，满足了当时很多广东人的投资需求。对东莞的打工族来说，这是个不能挣大钱但是可以满足居家过日子需求的小生意。

资讯平台

美宜佳的一份调查报告显示，其加盟商有六成是夫妻档，还有一部分是中产阶级，加盟目的是投资或解决家族成员的就业问题。

模板化加盟

很多开加盟店的打工族，对于管理、采购、定价等环节其实都很陌生。要开连锁店，就必须解决这个问题，方法是进行标准化。美宜佳总结出了一系列模板（包括装修、商品品类、定价，促销内容等），包括应用得最广泛的工业区模板，还有商业区模板、住宅模板、医院模板等，然后根据加盟商的地段来选用这些模板，这些都能使新的门店更快地开张，加盟商更快地上手。

到2003年底，美宜佳开始在广东省其他城市复制自己在东莞的发展策略。如今，美宜佳已遍布全国多个城市，步入万店发展阶段。

认同理解，统一管理

加盟店往往是很难统一管理的，很多便利店都存在“失控”现象，如私自进货、不服从管理、不参与促销等。但美宜佳的成千上万家店，却是令行禁止，这跟美宜佳长期以来的“铁腕”管理有关。

整顿管理系统

在创立的头4年里，美佳超市、品牌供货商、批发市场都是美宜佳便利店的供货来源，大部分加盟商自行完成采购环节。不久，分散配货的弊端慢慢出现，不断有消费者投诉商品质量有问题。由于担心这样的负面评价会影响到所有门店，美宜佳决心整顿管理系统。

2001年美宜佳决定引进POS系统（Point of Sales，销售时点信息管理系统），以完成门店与总部间的对接。可是，大多数加盟店主不愿意花1万多元购买POS机，只想买个3000多元的收银机。

对此，美宜佳的态度非常强硬，认为必须走出这一步，为此不惜以1/4的门店集体退出为代价。因为在美宜佳看来，POS系统并非收银机那么简单，基于POS系统的数据系统是零售体系里的关键。

贯穿管理理念

美宜佳从一开始走的就是特许加盟的路，其中很重要的一点是加盟者必须要有加盟的理念，能够理解并认同美宜佳，而且要一直贯穿美宜佳的管理经营理念。

比如，陈先生是美宜佳第一家加盟店的店长，这也是他个人第一次开便利店。陈先生信佛，受一些传统习惯的影响，他要在店里供一尊关老爷的塑像，公司不同意；陈先生还听旁人说，把收银机放在特定位置才能聚财，可公司对此也有统一的标准，不能由个人说了算。在无数次不厌其烦地沟通、劝解后，陈先生最终遵从了公司的规定，事实证明，听公司的没错。

美宜佳对门店的管理，是建立在服务的基础上的。美宜佳95%以上的门店是加盟店，剩下的则是直营店，主要由美宜佳集团员工经营，起示范、模范作用。虽然每家美宜佳门店彼此独立而且规模都不是很大，但是其服务的理念、经营的理念是一致的。

强化信息建设

美宜佳在信息系统建设方面也下了很大功夫，在同类行业中处于领先地位。2001年，美宜佳引进了先进的电脑辅助管理信息系统——HDPOS系统，步入信息化管理进程。美宜佳的信息系统包括下图所示的收银系统和营运数据支持系统两部分。通过信息系统建设，美宜佳能够更好地了解并跟踪各门店的经营状况。

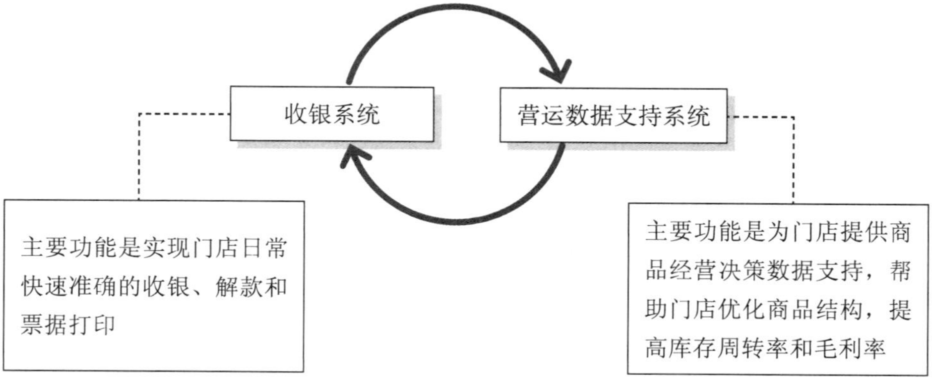

美宜佳的信息系统

多方合作，实现共赢

超万家的门店如何管理呢？美宜佳的秘诀是共赢。

统一采购，统一配送

美宜佳坚持门店的统一采购配送，将物流方面的工作都交给了兄弟公司时捷物流。2002年，美宜佳还兴建了2万平方米的仓库。

与此相对应的是，时捷物流每天都有几百辆货车为门店配送货，40%以上的门店是直营采购，这样不仅能降低供货价格，还能保障门店商品品质和利润。

专业收银解决方案

在美宜佳默默书写“小店大连锁”传奇故事的道路上，易捷通与美宜佳牵手，为美宜佳提供专业的收银解决方案和“诚心、专心、用心”的售后服务。

合作期间，美宜佳的业务不断扩大，门店快速扩张，消费群体也不断扩大，于是对收银解决方案及收款机提出了更多、更高、更专业的需求。根据美宜佳门店的管理和应用需求，易捷通为美宜佳提供了定制化升级方案。

美宜佳采用了易捷通第五代智能i500触摸式收款机，搭建了从售前微信平台营销传播到售中门店微信支付结算、售后会员运营管理的整套移动互联网商业解决方案。

求新求变，多管齐下

为什么美宜佳能够一直保持前进的步伐和增长的势头呢？这是因为，十几年来，美宜佳不断在改变、不断在进步，不断在满足消费者需求的同时让加盟者在激烈的竞争中扩大自己的盈利空间，获得投资回报。

其实，传统零售行业面临挑战并不是经济新常态下的特有现象。改革开放以后，零售行业原来的计划经济经营模式被彻底打破，多种业态涌现，商品层出不穷，消费者拥有了越来越多的选择权。

形象升级

面对越来越激烈的市场竞争，新、老美宜佳人一直在思考和探索：如何才能为传统的、僵化的零售行业注入生机和活力？

2013年，美宜佳启动了“门店新形象升级改造工程”，不断完善门店外观、店内装修、商品种类、服务质量等方面。现代化的装潢、明亮整洁的店面、丰富有序的商品和贴心热情的服务，给消费者带来了全新的购物体验。

2016年，在2013年店铺升级的基础上，通过深入的调研、分析、提炼，从整体品牌VI形象标识到品牌战略体系，美宜佳进行了一次系统性的、规范的设计和梳理创新，目的是让品牌理念更准确、品牌形象具有更高的品质。

探索转型

美宜佳早在2008年就开始探索电商转型了，最初是从淘宝代购网店开始，后来涉足了网上商城美宜佳生活馆、团购网站、移动支付等。

虽然走了很多弯路，但不断的试错也让美宜佳多了很多踩准节奏的机会。比如，美宜佳在2012年开始代收包裹，吸引了很多网购者到店消费；2013年尝试的微信运营，通过各种1元换购的爆款活动，吸引了大量粉丝，目前美宜佳官方微信已经有超过800万名粉丝了，其中的商业价值不言而喻。

在这个变幻莫测的时代，唯一不变的就是变。美宜佳一直在拥抱变化，顺应市场做出及时的反应。也许这才是它长期立于不败之地的原因。

多样营销

在营销方面，美宜佳每月有两档常规促销，并且不定期为门店提供各种场外促销活动支持。美宜佳还创新了微营销的营销手段，通过线上线下相结合的方式，吸引会员线上抢购、线下取货，吸引顾客到店，增加门店销售的机会，帮助门店发展忠诚会员，增强门店与顾客之间的黏度，提升门店竞争力。

线上主要采取1元抢、天天闪购、惠当家、天天抢券、福利周等固定营销活动，以及不定期的会员福利活动，让会员享受不间断的专项福利，增强会员与美宜佳的黏度，提升美宜佳美誉度；线下则通过会员购物积分、积分当钱花等方式，为忠实顾客提供优惠，增加顾客到店频率，提升门店收益和竞争力。

经营走量，服务走心

凭借着高度的社会责任感，美宜佳以其特殊的管理和发展模式，在践行“全民创业”的道路上做出了自己的尝试和努力，并且已颇有建树。

以量取胜

正所谓聚沙成塔、厚积薄发，美宜佳的18000多家门店，每家门店有着6000多种优质商品，每天为超过500万的顾客送去优良的服务，每天的交易量高达300多万宗。美宜佳的便民服务平台可提供金融服务、充值缴费、代收代寄、便民支付、特色服务等5大板块30余项的便民生活服务，每月服务顾客超过1.5亿人次，为消费者的日常生活带来了方便，并为门店带来了实实在在的人气，增强了门店的盈利能力。

无论是从门店数量、商品数量还是从营业规模来说，美宜佳都能够以量取胜。

以质取胜

美宜佳总部仓库有6000多个品种的商品，为消费者提供包括新鲜食品、日常用品、包装食品、粮油副食、书报杂志、节日商品、个护化妆品、冷藏冷冻品等在内的多种优质商品。美宜佳从2002年开始逐步规范统一采购、统一配送工作，在广东和福建建立了多个常温配送和冷链物流配送中心，实现了全体门店常温商品两天一配，冷冻冷藏商品一天一配。另外，美宜佳在与加盟者签订的合同中严格规定，必须统一进货，否则会受到相应的处罚。美宜佳也会不定期对门店商品进行盘点，核对个别商品的进货、销售数量。

相关链接 》》

万家店背后的思考——美宜佳董事长张国衡的主题演讲

美宜佳从1997年开始，一直在做便利店，一心要做深、做宽便利店。20多年来，我们用了近10年时间做到从1～1000，从1001～10000又用了大概10年，美宜佳发展到1万家门店大概用了20年的时间。

目前，美宜佳的有效门店数是13270家，2018年底估计可以达到14500～15000家。按照这样的一个发展势头，我们未来第二个万家店需要3～4年时间来实现。

1. 21年厚积薄发，稳定增长

区域发展：以广东为中心，布局全国。美宜佳从东莞到珠三角，到广东省，再迈向全国，其实是一个单店能力积累到区域附近能力的过程。大家可以看到，美宜佳用了6年的时间才走出东莞；在广东省深耕了17年，到了2014年才走出广东省；经过几年的努力，到了2016年才正式确立了立足东莞，布局全国的发展战略；2018年才进入长三角、贵州等地，形成华南、华中、华东全国布局的规模。

服务规模：线下月均服务人次超过1.2亿，线上用户超过1500万。在线下，美宜佳有超过13000家门店，遍布9个省市（自治区），68座城市，现在以每个月300～400家店的速度继续发展。美宜佳每天服务的客户数量已经超过了400万，一个月就是1.2亿，一年下来就超过了15亿！

美宜佳线上的用户数量已经超过了1500万，每天大概有活跃用户100万，深度会员数量超过300万，而且会员的活跃度超过70%。所以，在美宜佳整个体系里，积攒了庞大的客户资源，如果能够真正把客户资源利用好，就能成为未来很重要的资产。

美宜佳现在的规模，靠的是多方面能力的积累，如加盟营运管理的能力、物流与供应链管理的能力、组织培训的能力、实现信息一体化的能力、进行会员服务营销的能力、财务管理的能力、挖掘行业数据的能力以及构建企业文化的能力。

在整个过程中，当然也遇到了很多挑战和风险。比如说店铺的执行力不强，又比如说店铺面临转型升级的压力。规模扩大后，组织效率要能保障它的发展，还有人才储备也要配合整体的发展，一个环节做得不好，将会影响到整体的发展。

另外，最基础、最重要的还是美宜佳企业文化的建立。比如说我们的品牌愿景、企业使命、企业理念，这些都是需要通过不断的积累和沉淀才能形成的，也反映着美宜佳21年的发展历程。

2. 环境的改变：消费群体、信息技术在不断变化

2018年初，我们针对美宜佳在新时代的商业模式做了一个专题研究。通过研究，我们发现了两个重要的特征。

第一个特征是消费者逐步年轻化。在美宜佳的主要消费群体中，“90后”占比为48.5%，“80后”为30%，“00后”为12%。这三大消费群体加起来，比例已经超过了90%。

这些年轻的消费群体对“三大效率”有了新的要求。首先是沟通效率的提升。现在社交媒体已经成为整个消费环节中重要的介质，线上线下结合购物已经成为主要的购物方式。其次是选择效率的提升。消费者对品牌以及自我价值的追求也在提升。可以发现，他们对质的要求远远大于对量的需求。在消费过程中，他们越来越希望通过产品来体现自身价值。最后是物流效率的提升。消费者已经形成了随时、随地、随性的购物习惯，这需要强大的物流体系做支撑。

第二个特征是信息技术不断发展。信息技术的发展以及成熟，对实体的零售店、实体企业来说，是发现自身价值的一个好机会。这几年移动技术、云计算、智能学习、物联网等技术的成熟及微信、支付宝等平台工具的出现，为我们提供了一个又一个链接消费者的机会。有了链接，就有机会把数据沉淀。有了数据，就可以进行洞察、分析。有了洞察和分析，就有机会为消费者提供精准的个性化营销服务。

3. 新风口：新零售时代，风投涌入便利店行业催生出的几种新趋势

我想谈一下对目前几个热点问题的看法。

首先是关于无人便利店、无人货架、智能售卖机。一种新的经营模式，它成功与否，需要市场来检验，需要时间来沉淀。另外，智能售卖机其实就是便利店经营的延伸，作为一个渠道入口，可以去大胆地思考和尝试。

此外，对于便利店+餐饮，便利店+生鲜的转变，我认为这本来就是门店的经营内容，并且应根据市场的需要，不断去变化调整。那么，如何来添加轻餐饮、生鲜等元素呢？这就要根据区域的特点，还要基于自身能力才能够进行判断和决策。一旦做出选择以后，就必须投入大量的人、财、物来保证战略的有效实施。

再就是风投，很多企业现在都引入了资本，这是好事。我认为是否引入资本，也要根据自己的需要来确定。我们在选择引入还是不引入之前，要弄清楚为什么要引入，又为什么不引入，初衷到底是什么。

我希望跟大家共勉的是，面对新的事物，要抱着开放、学习、拥抱的心态，同时也要实事求是，不能够简单跟风。

4. 美宜佳未来的思考：从“B2B2C”到“S2B2C”的转变

在新时代里，美宜佳的商业模式又会有怎样的变化呢？

展望未来，要先看一下过去。过去，美宜佳的商业模式可以表述成“B2B2C”。通过商品管理、地面管理、经营管理等，引入上游厂商的资源，再通过门店去服务消费者。在这个价值链的流动里面，美宜佳扮演的是一个渠道商的角色，是一个管理者的角色。

因此，随着消费者的变化，信息技术的成熟，我们这几年一直在思考，在探索，在试错，我们未来的商业模式究竟会是怎么样的呢?

经过了一段时间的探索，我们认为美宜佳未来的模式是“S2B2C”。也就是说，美宜佳要从一个渠道商向一个服务商转变。通过这样的过程，实现对门店千店千面的服务，实现对消费者、会员千人千面的服务。“S”是美宜佳价值传递的服务平台，作用是提升整个“S2B2C”的价值流传递效率。美宜佳角色的转变，最核心的就是要构建3大智能服务平台：

（1）供应链数字化平台：以数据推动生产端对消费者需求的定制满足。它是基于门店以及消费者的一类数据，通过对这类数据的分析和洞察，反推生产端，面对消费者进行商品定制、淘汰等服务的策略提供平台。

（2）门店智能经营平台：以数据指导门店的千店千面运营能力。它是一个以数据指导门店的经营平台，在这个平台上可以通过跟进门店的商圈特征、销售特征，给客户画像，再加上整个环境的数据沉淀，来指导门店日常经营的决策。比如说商品的结构，怎么上架、调价、报货，怎么出箱、陈列、现场服务等，都能通过智能化推荐给门店，让它们实现千店千面。

（3）消费者精准服务平台：以精准数据洞察推动的千人千面营销服务能力。它也是一个以精准洞察来实现千人千面的营销服务平台。通过门店数据以及销售数据的沉淀和分析洞察，再通过一个智能推荐系统，把信息直接传达给消费者，实现千人千面的服务。

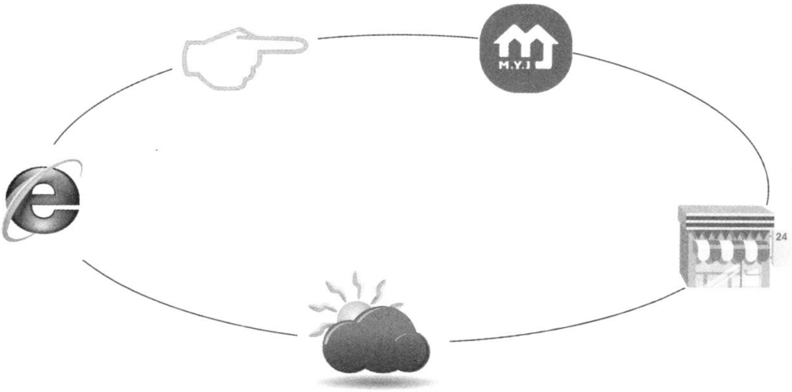

第二章
美宜佳，特许加盟模式化

导言：

特许加盟是特许人与受许人之间的一种契约关系。根据契约，特许人向受许人提供一种独特的商业经营特许权，并给予人员培训、组织结构、经营管理、商品采购等方面的指导和帮助，受许人向特许人支付相应的费用。经过22年的发展，美宜佳已成为国内以特许加盟模式为主的规模较大的便利店系统。

第一节　美宜佳加盟模式

加盟就是企业组织，或者说加盟连锁总公司与加盟店二者之间的持续契约关系。根据契约，企业组织必须提供一项独特的商业特权，并加上人员培训、组织结构、经营管理、商品供销等方面的无条件协助，而加盟店也需付出相应的报偿。

加盟的经营形式

加盟的经营形式有很多种，依出资比例与经营方式大概可以分为下图所示的3种。

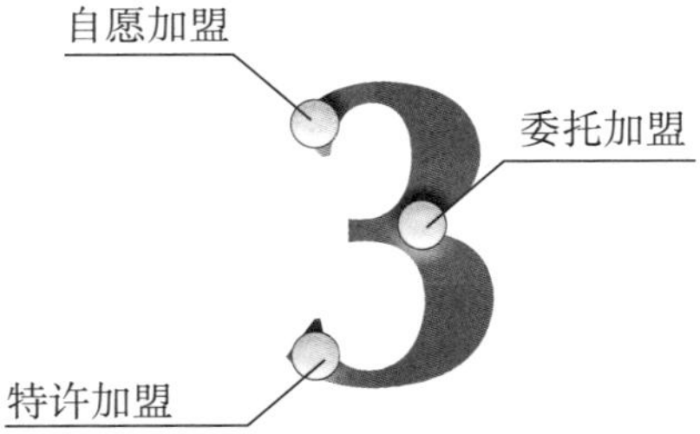

加盟的经营形式

自愿加盟

自愿加盟是指个别单一商店自愿采用同一品牌的经营方式并负担所有经营费用。这种方式通常是个别经营者（加盟主）缴交一笔固定金额的指导费用（通称加盟金）后，总部提供专业的经营知识帮助其开设店铺，或者经过总部指导将经营者原有店铺改成符合连锁总部规定的经营方式。

通常采用这种方式的加盟者每年必须缴交固定的指导费用，总部才会派员指导，但也有些公司是不收此部分费用的。由于加盟主是自愿加入，开设店铺所需费用全由加盟主承担，总部只收取固定费用给予指导，因此店铺盈亏与总部不相干。

此种方式的优点是加盟主可以获得大多数的利润而不需与总部分享，也无百分之百听从总部指示的义务；缺点是总部因此可以不负责任，指导往往较松散，店铺的经营品质也不容易受到控制。

委托加盟

委托加盟与自愿加盟相反，加盟主加入时只需支付一定的费用，店铺经营设备器材与经营技术皆由总部提供，因此店铺的所有权属于总部，加盟主只拥有经营管理的权利，利润必须与总部分享，也必须百分之百地听从总部指示。

此种方式的优点是风险极小，加盟主无须负担创业的大笔费用，总部既要协助经营也要分担经营的风险；缺点是加盟主自主性小，往往大部分的利润都要上缴总部。

特许加盟

特许加盟介于上述两种方式之间，通常加盟主与总部要共同承担设立店铺的费用。其中店铺的租金、装潢多由加盟主负责，生产设备由总部负责。此种方式下加盟主需与总部分享利润，总部对加盟主拥有控制权。但因加盟主也出了一部分的费用，因此加盟主自身可获得的利润较多，且对于店铺的形式也有部分的建议权与决定权。日本多数便利商店体系皆采用此种方式经营。

特许加盟模式能够充分发挥两个积极性，即门店的积极性和总部的积极性，如下图所示。美宜佳正是通过服务好加盟者，为消费者提供了更便利的服务和生活。

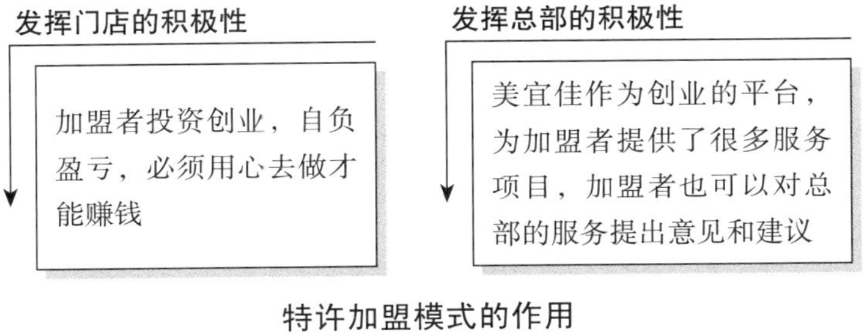

特许加盟模式的作用

便利店加盟的好处

对于数量众多、处于竞争底层的个体便利店来说，如果自身不能实现业务转型，寻求加盟就是不错的选择。事实上，加盟的连锁便利店数量在不断增加，个体便利店的生存空间也被掠夺。通过加盟，个体便利店可以从加盟体系中获得诸多支持，增强未来竞争力，具体如下图所示。

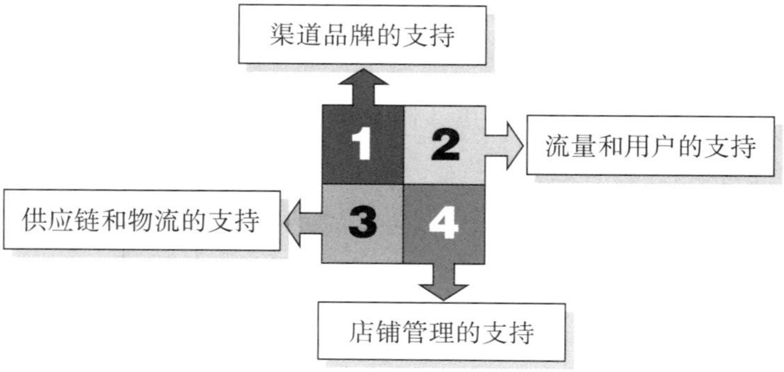

便利店加盟的好处

渠道品牌的支持

当一个客户在两家或多家便利店门口进行选择时，通常会选择更有公信力的品牌便利店。因此，从加盟中获得渠道品牌支持，可赢得更多客户的信任，提高转化率，开拓更多的市场。

流量和客户的支持

网上超市迅速崛起，懒人经济日益受到追捧，便利店的业务也受到不小冲击。便利店加盟后可获得总部提供的流量和客户的支持，如向便利店导入方圆0.5～2公里的线上流量，自动分配区域内网上订单，从而吸引更多的线上客户回流到门店，提升运营业绩。

供应链和物流的支持

供应链是个体便利店的短板，个体便利店不仅进货价格比同行业高，而且商品品质和售后服务没有保障。通过加盟可获得品牌方的优势供应链和物流的支持，提升商品的品质，降低进货成本，增加利润空间。

店铺管理的支持

个体便利店不是意识不到自身的管理水平低下，而是限于基础薄弱，加上没有专业人士的指导，有心无力。加盟后，个体便利店可获得总部提供的专业经营指导，掌握使用先进设备和软件系统的能力以及先进的经营管理方法，从而提升经营效率。

加盟美宜佳的优势

便利店具备便利性、及时性等优势，这种经营业态虽然源自国外，但如今已经得到了国内大众的认可与支持。美宜佳是备受人们喜爱的便利店品牌，许多人都想成为它的加盟商。具体来说，加盟美宜佳具有以下优势。

（1）品牌影响力大。

美宜佳的品牌形象

截至2019年8月，美宜佳已有18000多家门店，是全国便利店特许加盟知名品牌。

（2）统一配送。

美宜佳统一配送管理

各加盟店的商品由美宜佳总部的物流配送中心统一配送，在配送前经过严格的筛选，可以有效地保证商品的新鲜度，使消费者能够放心购买。同时，系统自动两天一配，无须积压库存资金。

（3）统一采购。

美宜佳总部采取直接与厂商长期合作的方式，保证商品质量，降低进货成本。

（4）统一形象。

美宜佳门店购物环境

加盟美宜佳后，美宜佳总部会根据加盟店实际情况为其定制店面形象设计方案，内容包含招牌灯箱制作、商品陈列、信息系统以及收银系统架设等，设计时尽量保证各门店在符合美宜佳共性的基础上突出各自的个性，以更好的店面形象吸引消费者。

（5）统一营销。

美宜佳有福利店、优惠券、美到家、新店促销等4大营销产品，服务内容包含手机平台抢购、第三方外卖配送、扫码支付等，有效地将线上客源引流到店，增加了门店营业收入，提高了竞争力。

（6）统一管理。

美宜佳拥有专业的管理团队，他们会定期到门店进行指导，帮助门店提升销售业绩，具体如下图所示。

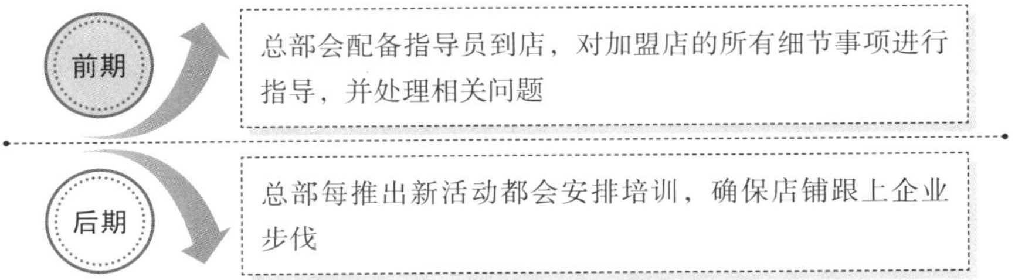

美宜佳的统一管理模式

加盟美宜佳的服务项目

美宜佳为加盟者提供了专业的便利店管理、经营及技术支持和辅导，服务项目如下图所示。

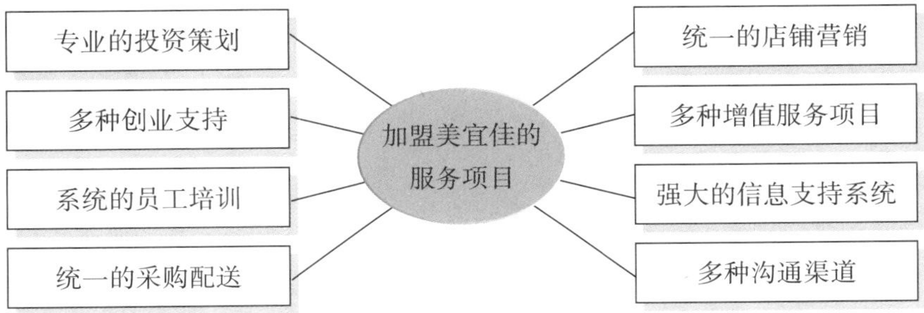

加盟美宜佳的服务项目

相关链接

便利店加盟品牌介绍

1. 7-Eleven

7-Eleven，是日本一家著名的连锁便利店，其总部设于东京千代田区。7-Eleven已成为便利店的国际共通语言，便利店遍布中国、美国、日本、新加坡、马来西亚、菲律宾、瑞典、墨西哥、丹麦、挪威、加拿大、澳大利亚、阿联酋等国家。截至2019年5月底，全球店面数目逾68607家，为全球最大的连锁店体系。

2. 全家FamilyMart

FamilyMart品牌，自1972年成立以来，其服务网点遍及日本、韩国、泰国、中国、美国等国家，店铺数量超过12000家。

中国大陆地区于2002年成立上海FamilyMart筹备处，2004年上海福满家便利有限公司获商务部批准成立。全家FamilyMart品牌正式进入中国上海市场，开始在中国大陆地区经营便利店事业。

不单如此，FamilyMart品牌于2005年进入美国市场，形成泛太平洋的国际品牌，成为第一家由亚洲发起进入美国市场的便利店企业。

2017年11月，全家在中国大陆地区的便利门店总数已超过2000家，正步入快速发展期。

3. 美宜佳MEIYIJIA

美宜佳便利店由东莞市糖酒集团控股，成立于1997年，是在国内第一家连锁超市——美佳超市基础上发展起来的连锁便利店企业。自成立以来，门店发展以广东为中心，稳步布局全国。2018年进入苏浙沪地区。截至2019年8月，连锁店总数超过18000家，主要分布在广东、福建、湖南、江西、湖北等120个城市，形成华南、华中、华东三大发展区域，已成为国内规模较大的特许连锁便利店企业。

4. 快客

“联华便利”成立于1997年11月，系联华超市股份有限公司全额投资的子公司。于2002年7月正式更名为“联华快客”，并进行全方位的转型和提升，相继成立联华大连、宁波和杭州公司，在北京、广州组建区域性公司，使联华快客便利店逐步走向全国市场。

5. 可的KEDI

上海可的便利店有限公司成立于1996年，现属农工商超市（集团）有限公司旗下的全资子公司。公司拥有直营、合伙合作承包和加盟3种经营模式的便利店近1200家，分布在上海、杭州、苏州、无锡等21个城市，形成了“以上海为中心，江、浙为两翼”的辐射态势。多年来，公司规模及销售额持续保持稳健增长。

6. LAWSON罗森

罗森创始于1939年，原是美国的一家连锁便利店，于1996年进入中国上海，是最早进入中国华东市场的外资便利店。截至2018年6月底，主要在上海（包括上海周边）、重庆、大连、北京以及武汉地区拥有1642家便利店。与本土便利店相比，罗森具有自有商品占比高以及加盟模式灵活等特点，今后，罗森在中国更将加快发展的速度，目标是到2025年突破1万家门店。

7. 喜士多C-store

上海喜士多便利连锁有限公司于2001年4月在上海成立，并以上海为中心，辐射华东、华南等地区。华东区于2002年成立杭州、苏州、昆山分公司，2006年成立无锡分公司，2008年拓展至宁波、绍兴地区，2009年拓展至嘉兴、常州地区，2010年拓展至张家港；华南区于2003年成立广州喜市多便利连锁有限公司，2007年拓展至深圳、佛山，2013年拓展至惠州，2015年拓展至东莞，2016年拓展至中山，2018年拓展至珠海。

截至2019年6月，已拥有直营店及加盟店等相关网点1000多家，成为便利连锁行业的后起之秀。

8. 红旗连锁

红旗连锁创建于2000年6月22日。公司已发展成为“云平台大数据+商品+社区服务+金融”的“互联网+”现代科技连锁企业，注册资本达13.6亿元，是中国A股市场便利连锁超市上市公司（股票代码002697）。截至2019年7月底，红旗连锁在四川省内已开设2900家连锁超市。2018年上缴税收和社保近5亿元，拥有三座物流配送中心，与上千家供货商建立了良好的互利双赢的商业合作关系，是四川省及成都市“重要生活必需品应急保供重点联系企业”。2018年红旗连锁进店消费人次超4亿。

9. 天福

广东天福连锁商业集团有限公司是一家大型的、高效的综合性企业集团。其前身是成立于2004年7月的东莞市天福便利店有限公司。

天福集团经过10多年的发展，目前已成为一家以便利店经营管理为主，集超市管理、商贸代理、物流配送、绿色食品、供应链管理、影院管理、酒店管理以及商业地产为一体的集团企业。

其中天福连锁便利店系统是全国十大连锁便利店系统之一，2016年在中国连锁便利店排行榜上其门店数量名列全国第四。目前已在东莞、深圳、广州、中山、佛山、珠海、惠州、清远、河源、江门、肇庆、汕尾及云浮等广东地区以及湖南长沙地区发展了3800多家门店。天福创造了中国便利店创业史上的发展奇迹。

10. 苏果SG

苏果超市有限公司创立于1996年7月18日，前身是江苏省果品食杂总公司。“苏果”二字即取自其中的“苏”和“果”两字。2004年6月，华润控股苏果85%股权。1999年苏果超市启动连锁便利服务，创立新兴业态——苏果便利，以“直营+加盟”模式扩张，其商品结构包含鲜食、包装食品、酒水饮料、日化洗化等全品类，为提高毛利率与客单量，目前主打鲜食、自有品牌以及衣物护理、代办快递、水、电、IC卡充值等24小时便民服务。

第二节　美宜佳加盟之旅

据不完全统计，加盟美宜佳的大专及以上学历的毕业生累计有1133人。大学毕业生完全具备创业的能力，他们选择加盟美宜佳不仅可以解决自身就业问题，还可以带动就业、扩大就业。美宜佳加盟模式是解决大学生就业难问题的有效途径。

加盟的条件

美宜佳选择一起前行的伙伴需要具备以下条件：热爱零售行业，有志于在便利店行业发展；有一定的资金和足够的人手；有较强的经营管理能力和一定的风险意识。对加盟商而言，应具备下图所示的条件。

条件一　热爱便利店行业，认同美宜佳的企业文化和理念，认可、接受美宜佳的经营体系和运作模式，能够积极服从总部的统一管理

条件二　需具备良好的个人品质和商业信誉，不做有损品牌形象或者违反合同规定的事情

条件三　具备相应的资金实力，资金来源合法，并愿意将资金投入加盟店的筹建和经营户去

加盟商应具备的条件

加盟的费用

美宜佳是备受人们喜爱的便利店品牌，许多人都想成为它的加盟商。加盟美宜佳便利店的第一步是准备一定的加盟费用。

特许加盟费

加盟美宜佳需要缴纳2.5万元特许加盟费，该费用包含了1万元品牌加盟费和1.5万元商业软件注册费。

美宜佳在不断探索中，增强了零售专业管理能力。虽然加盟美宜佳需要缴纳1万元品牌加盟费，但是美宜佳提供的服务远超1万元。当前，美宜佳对门店的支持包括下图所示的内容。

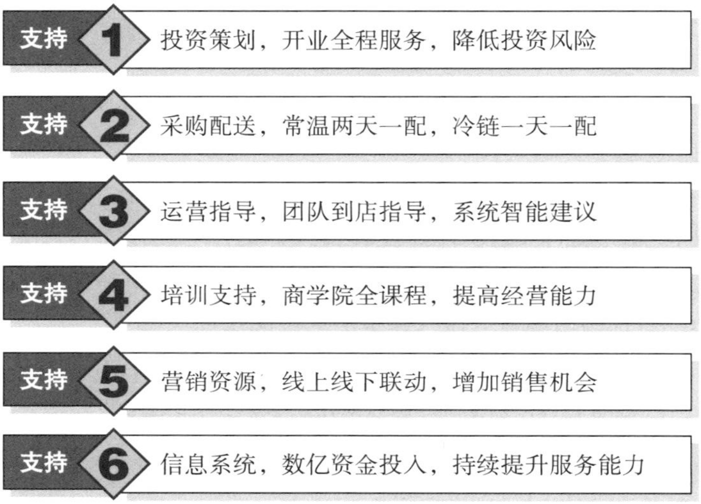

美宜佳对门店的支持

固定投资费

除了特许加盟费的缴纳，还有些固定投资费也是加盟商需要缴纳的。固定投资费包含收银设备、监控设备等专项设备费，以及工程装修费、货架费、开业费等。如果加盟店面积在60平方米以内，这部分的总费用大约为7.5万元。

流动资金

另外，还需准备一部分流动资金，主要包括进货费、水电费、店铺租金、人员工资等，共计约18.5万元。

相关链接 》》

加盟美宜佳所需费用

1. 投资费用

一般来说，投资一家美宜佳便利店所需的费用如下图所示。

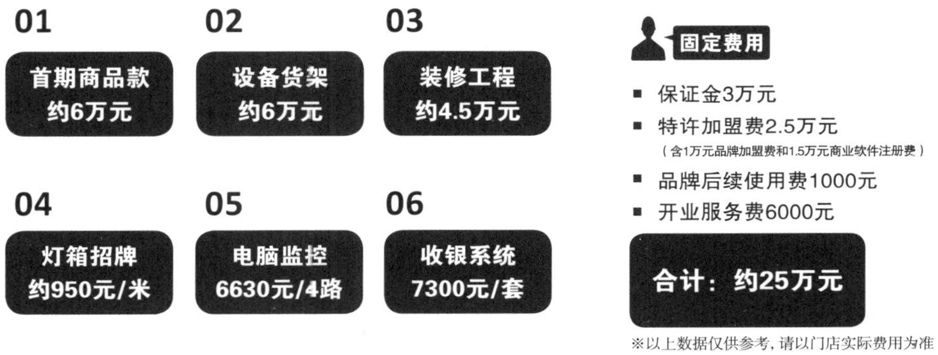

投资美宜佳门店所需的费用

2. 经营费用

已开业的门店，所需的经营费用如下图所示。

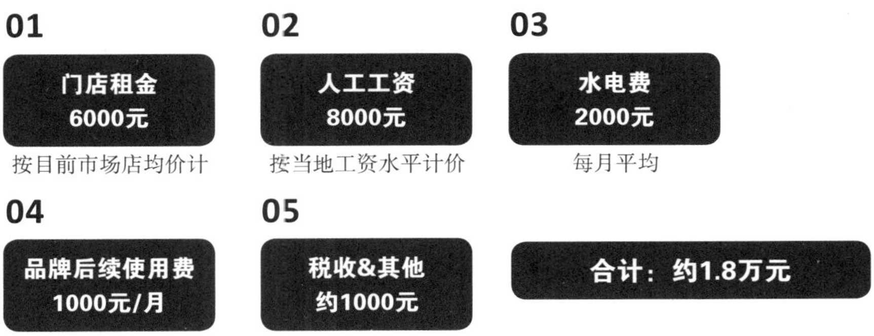

经营美宜佳门店所需的费用（以上数据仅供参考，请以门店实际费用为准）

加盟的流程

加盟美宜佳的流程如下图所示。

加盟美宜佳的流程

在线申请

在确定加盟意向后，加盟商可以通过美宜佳官网或美宜佳微信公众号填写加盟申请表，并连同相关资料一起提交给总部审核。

参加投资说明会

美宜佳便利店加盟者须先到公司总部，认真听完公司总部组织的加盟投资说明会的全部内容。本着对每一位加盟者负责任的态度，美宜佳要求每位加盟者在决定投资之前，一定要到公司总部进行系统的了解，对美宜佳公司和便利店行业形成较全面的认识。

资讯平台

美宜佳总部每周举办两次加盟投资说明会，分别在周三和周六，让投资创业者更加清楚美宜佳的加盟流程、盈利模式与投资项目等。

选址旺铺

（1）选址标准。

加盟美宜佳便利店，其店铺选址标准如下图所示。

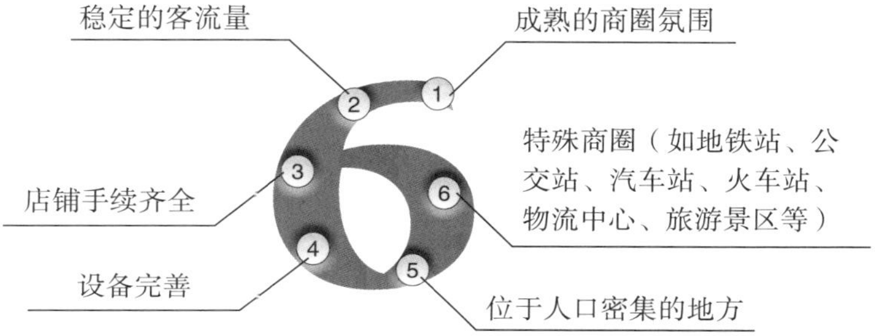

店铺选址标准

（2）设店标准。

美宜佳便利店的设店标准如下表所示。

设店标准

使用面积	45平方米以上（特殊位置面积不限）
门面展示	门面宽度大于5米，转角位，出入口第一位置
电容	三相40 A，单相80 A
商圈性质	居民区、综合区、商业区、医院、学校、写字楼、车站、大型批发市场等
消防设备	必备
卫生间	必备
产权清晰	必备

签订合同

总部审核通过，且双方确认考察结果无争议，即可正式签订加盟合同。同时，加盟商向美宜佳便利店总部缴纳相应的加盟费用。

开业筹备

从网点调查到铺位评估，从店铺设计到工程装修，从商品选择到陈列布局，从开业筹备到开业促销，全程有专人指导、悉心服务，为加盟者降低加盟风险，争取稳定回报。开业前，美宜佳会根据分工对门店员工进行上岗培训，技术员会驻店指导门店验货、收货、商品陈列等。

正式开业

准备工作结束后，加盟店就可以开业了。开业后，总部还将持续关注加盟店的经营情况，并给予经营指导和建议。

比如，开业后，职业店长会免费驻店培训、指导半个月，指导员则每月两次到店教授门店经营诀窍，把最新的商品知识、管理方法及促销信息等告知店主；总部每月举办两次营运会议（店长大会）；门店服务在线给门店提供最新、最全面的经营管理经验。

美宜佳还推出了“员工招聘发展计划”。该计划将作为一个专项政策为全体门店提供支持，帮助门店解决招人难、留人难的问题，也为美宜佳员工创造更大的发展空间。按照计划，总部将协助门店发布招聘信息；另外，员工只要在美宜佳门店工作满规定年限，便可获得总部支持，承包门店或自主开店。

第三节　美宜佳加盟答疑

外省可以加盟吗

目前除了广东省外，美宜佳已发展至福建、湖南、湖北、江西、重庆、河南、广西、安徽等120个城市，并逐步向全国范围发展。

如何获取铺位资源

获得铺位资源的途径主要分为以下两种。

（1）美宜佳鼓励加盟者自己寻找优质铺面，选到好的位置，便成功了一半。

（2）若加盟者无店铺资源，美宜佳也会提供一些铺位供加盟者选择。店铺标准为：面积大于45平方米，门面宽度大于5米，有仓库，水电可用，可办证。

外行可以加盟美宜佳吗

许多加盟者原来都不是从事零售行业的，因此，除了让加盟者了解行业概况、美宜佳企业文化及相关资讯外，美宜佳还会在门店开业前，组织店主、店长、店员进行岗位针对性培训，并对培训合格者颁发资格认证证书，各岗位未能获得资格认证证书的不予以开业。

商品多久会配送一次

美宜佳坚持统一采购、统一配送，在广东、福建、湖南建立了多个常温配送和冷链物流配送中心，实现全体门店常温商品两天一配，冷冻冷藏商品一天一配。

加盟后公司能够提供怎样的营销支持

自2013年起，美宜佳大力发展新营销，为提升门店销售水平进行持续探索，经过不断的产品优化，总部营销中心目前有6大产品：福利店、优惠券、半月促销、美到家、新店促销、扫码支付。

（1）福利店和优惠券：通过在美宜佳手机端抢购、门店取货的方式，引流顾客到店，帮助提升门店销售。抢购的商品主要为门店未经营的特色商品，或销量较小的商品。

（2）半月促销：美宜佳每半个月都有不同的促销活动，半月档促销基本上每月分为两档，一般每15天为一档（2月份除外）。促销活动丰富，活动样式多，有特价、买一送一、第二件半价、加一元多一件等不同形式的优惠促销内容。

（3）美到家：基于美宜佳自有商品，通过自有或第三方外卖平台为顾客提供商品外卖服务（为门店送外卖）。

（4）新店促销：新店促销全年共分6档，每2个月1档。其主要目的是增加新店开业期销售，提升门店开业效果，扩大美宜佳在新店商圈内的影响力。

（5）扫码支付：为消费者提供最流行、最便捷的移动支付服务，包括支付宝支付、微信支付、翼支付等，提升门店竞争力。

加盟后装修必须统一吗

加盟后需经过公司的统一装修，理由如下：

（1）公司指定的装修公司在便利店装修行业中是非常专业的，所用的材料如铝塑板、灯管、地板等是为美宜佳量身定做的，这样才能保证品牌形象的统一性。

（2）公司指定的装修公司能够按照卖场大小的不同进行量身设计，并能保证按时完工。

（3）公司的保修范围明确，避免了私人装修队承诺保修、出了问题却找不到人的情况。

开业后是否还会有后续的培训

开业后，美宜佳将会为每家门店配备一名指导员，其是门店的“百科全书”，会为门店提供业务咨询、到店指导、问题处理等各方面的服务。

美宜佳门店是否必须24小时营业

美宜佳致力于为消费者提供每天24小时、全年无休的便利服务，具体营业时间要视门店所在的商圈而定。

一家美宜佳门店需要多少人手

一般每个班次安排2人，具体安排多少人手要视门店的经营时间而定。

加盟美宜佳稳赚吗

便利店不是高风险、高盈利的行业，只是与其他行业相比相对稳定。每一笔投资都会有风险，美宜佳无法给予最低获利保证。

创业加盟是否有资金支持

创业加盟应该要有一定的自有资金，以备开店初期的周转运用。针对资金暂时不足的加盟者，美宜佳将会提供一定的分期付款的额度，不同区域支持的分期付款额度会有所不同。

投资一家门店一般会在什么时候回本

便利店是投资较低、收入相对稳定的行业，加盟美宜佳相对来说风险更低。总部一直围绕如何提高门店竞争力和不断提升门店盈利水平开展所有工作。目前平均回本周期为2年左右，具体回本期限视门店实际盈利而定。

商品毛利率达到多少

根据店铺所在区域的不同，商品的零售价格可能有所不同，商品毛利率也会存在差异。一般来说，美宜佳的非烟商品毛利率约为25%。

相关链接》》

便利店加盟指南

1. 选择加盟品牌

创业者要加盟便利店，选择品牌很重要，选择的品牌不但要被大家所认知，而且还要有知名度。那么，我们应如何挑选品牌呢？ 方法如下。

（1）搜集资料并分析。

对于投资者而言，仅有激情与梦想是远远不够的，还要练就火眼金睛的本领，谨防加盟的种种陷阱。首先了解自己将要加盟的便利店品牌，然后通过多种渠道搜集该品牌运营公司的信誉度等方面的相关资料。

比如，在品牌加盟网站查看网友的评论、在已加盟该品牌的商家处进行市场调研都是不错的方法。

（2）对比品牌并筛选。

一些便利店加盟品牌虽然在总部当地或者其他个别省份较成功，但如果进入一个新的地域，可能就会出现一段“水土不服”的时期，投资者应避免选择一些名不见经传的小品牌。

专业的便利连锁店应有经过严格训练的专业化队伍，配以标准化的施工流程、专业化的服务，才能充分显示品牌形象，确保顾客安心接受服务。

（3）总部实地考察。

开便利加盟店的朋友还应谨记市场运营有风险，一定要实地调查研究，把加盟商提供的加盟方案与自己的现实情况结合起来，做到拥有自己特色的加盟方式。

另外，需要了解该品牌的宣传力度，了解该品牌的市场走向以及相关产品的报价，做到心中有数，实时关注项目的相关资讯。

2. 了解加盟流程

便利店加盟招商一般都有一定的流程，不过，不同的品牌其加盟流程各不相同，而且同一品牌中不同的加盟方式其加盟流程也不相同。

对于加盟店经营者来说，流程的前期阶段非常重要，包括电话咨询、索取资料、加盟洽谈、协议讨论等。在这些过程中，加盟者除了清楚自己所处的地位、权利和义务，确定是否有巨大商机外，还必须明确以下事项：

（1）是否有政策优势。

（2）服务项目怎样，是否有新、特、齐、高等品质特色。

（3）技术力量是否雄厚。

（4）是否有投资、供货优势。

（5）成本效益怎样，是否有效地降低了投资风险。

（6）品牌优势怎样，在业内是否有极高商誉和影响力。

（7）经营管理是否科学。

（8）关于品牌、服务、竞争力、风险等有何承诺。

（9）加盟前期考察事项。

3. 进行加盟考察

选择一家优良的加盟商是投资者成功的关键，投资者必须把握好这一关。在加盟连锁店前，要做好考察事项，具体如下表所示。

加盟前期考察事项

序号	事项类别	具体内容
1	特许经营资质	向连锁经营公司索要并审查其备案资料，以防上当受骗
2	评估品牌知名度	选择知名度高、品牌形象好的连锁经营公司，这是创业成功的必要条件
3	考察其发展历史	一般来说，应选择有较长历史的连锁经营公司，因为公司发展越成熟，承担的风险就会越低。不过，这也不是一个绝对的参照标准
4	已运营直营店、加盟店	在选择连锁经营公司时，应充分了解其直营店和加盟店的经营状况是否良好、有无稳定营业利润、利润前景是否良好及是否具有后续性等
5	经营管理组织结构体系	优良的连锁经营公司应有组织合理、职能清晰、科学高效的经营管理组织，使各连锁店能高效运转，如是否具有健全的财务管理系统、完善的人力资源管理体系、整体营运管理与督导体系等
6	提供开业全面支持	一般来说，连锁经营公司提供的开业全面支持应包括以下内容：地区市场商圈选择；人员配备与招募；开业前培训；开业准备
7	加盟契约、手册	加盟者可从加盟契约、手册资料中了解连锁经营公司的公平性、合理性、合法性、费用承受性、地域性限制、时效性、可操作性等方面的内容，看是否选择加盟

（续表）

序号	事项类别	具体内容
8	加盟店成功率	一个成熟的加盟系统需要经验的长期积累和管理系统的不断完善，在正常经营的情况下，关店的情况并不多
9	加盟费用是否合理	考察加盟费用是否合理，最重要的是看投资回报率。可以参照其他加盟店的回报率，如果觉得此加盟店的回报率符合心理预期，那么加盟费用就基本是合理的

4. 签订加盟合同

加盟者在签订加盟合同之前，一定要深入了解合同内容，以确保自身权益。不要以为加盟合同都是总部制式的范本不可修改，其实合同应是通过双方协商之后再签订的。换句话说，加盟者不仅要看清内容，而且有权利要求修改内容。在签订加盟合同时需要注意以下事项：

（1）查看相关手续。

因为所谓加盟，就是总部将品牌授权给加盟店使用，换句话说，总部必须先拥有这个品牌，才能授权给加盟店。加盟者在加盟前，务必先确认总部的确拥有此品牌才能放心加盟。

（2）了解加盟费用。

一般而言，总部会向加盟者收取3种费用，分别是加盟金、权利金及保证金。

◆加盟金是总部在开店前帮加盟者做整体的开店规划以及培训所需要的费用。

◆权利金是加盟店使用总部商标以及享用商誉所需支付的费用。

◆保证金是总部为确保加盟者切实履行合约并准时支付货款等所收取的费用。

其中，权利金是一种持续性的收费，只要加盟店持续使用总部的商标，就必须定期交费。支付期限可能是一年一次，也可能是按季或是按月支付。

（3）商圈保障问题。

通常，总部为确保加盟店的营运利益，都会设有商圈保障，也就是在某个商圈之内不再开设第二家分店。因此，加盟者对商圈保障范围有多大，必须十分清楚。

（4）竞业禁止条款。

所谓竞业禁止条款，就是总部为保护经营技术及智慧财产，不因开放加盟而外流，要求加盟者在合同存续期间，或结束后一定时间内，不得加盟与原加盟店相同行业的规定。

（5）管理规章问题。

一般的加盟合同内容少则十几条，多则上百条，不过通常都会有这样一条规定："本合同未尽事宜，悉依总部管理规章办理。"如果加盟者遇到这样的情形，最好要求总部将管理规章附在合同后面，成为合同附件。

加盟者应注意，管理规章是由总部制定的，总部可以将合同中未载明事项全部纳入其管理规章之中，随时修改，到时候加盟者就只好任由总部摆布。

（6）关于违约罚则。

由于加盟合同是由总部拟定，所以会对总部较为有利。在违反合同的罚则上，通常只会列出针对加盟者的部分，而对总部违反合同部分则只字不提。加盟者对此可提出相应要求，明确总部违约时的罚则条文，尤其是在关于总部应提供的服务项目及后勤支援方面，应要求总部切实达成。

（7）关于纠纷处理。

一般的加盟合同上都会明列管辖之法院，而且通常是以总部所在地的地方法院为管辖法院，为的是万一将来必要时，总部人员来往附近法院比较方便。

曾有某加盟总部在合同中规定，加盟者欲向法院提出诉讼前，需先经过总部的调解委员会调解。遇此状况时，应先了解调解委员会的组成成员。如果全是总部的人员，那么调解的结果当然会偏袒总部而不利于加盟者，碍于合同，加盟者又无法忽略调解委员会而直接向法院提起诉讼，因此加盟者在遇到类似的条款时，应要求删除。

（8）合同终止处理。

当合同终止时，对加盟者而言，最重要的就是取回保证金。此时，总部会检视加盟者是否有违反合同或是积欠货款，同时，总部可能会要求加盟者自行将招牌拆下，如果一切顺利且无积欠货款，总部即退还保证金。但若是发生争议时，是否拆卸招牌往往成为双方角力的重点。某些总部甚至会自行雇工拆卸招牌，加盟者遇此情况，需视招牌原先是由谁出资而定。若由加盟者出资的话，那么招牌的所有权就应归加盟者所有，总部虽然拥有商标所有权，但不能擅自拆除。若真想拆，就必须通过法院强制执行，如果总部自行拆除，即触犯了毁损罪。

（9）双方各执一份。

曾经有某宠物用品加盟连锁公司与加盟者签约之后，总部留下两份合同，未留一份给加盟者，后来被状告到公平交易委员会才改正。所以，加盟者一定要自己保留一份合同，如此才能清楚了解合同内容，确保自身权益。

第三章
美宜佳，品牌思维本土化

导言：

随着科学技术的进步，市场上的产品和服务日益丰富，且同质化程度越来越高，企业间的竞争已脱离传统的实体产品和广告形式，“品牌”成为企业间竞争的有力武器。未来，在同样保证产品质量和满足顾客需求的情况下，谁拥有了名优品牌，谁就拥有了市场。因此，品牌建设是企业发展不可缺少的重要一环。

第一节　品牌理念的塑造

作为发展了22年，主要生长于二、三线城市的传统企业，美宜佳经过了长期的积累与沉淀，逐渐以厚积薄发之势，一步步进入越来越多城市消费者的视野。

品牌定位

在多年的发展历程中，美宜佳一直与时俱进，不断创新。2016年，美宜佳将品牌定位为“更具本土化思维的连锁便利店”，将店铺定位为“社区便利生活中心”。

国外品牌“水土不服”

目前，一说起便利店，大家马上会想到7-11、全家、罗森等日本品牌，似乎只有日本的便利店才是正宗的、主流的、上档次的，于是，一波又一波的人跑到日本去取经。

7-11是最早进入中国的外资零售品牌，其于1992年就开始在深圳开店，但发展一直比较缓慢。而罗森便利店则于1996年进入上海，到2014年底才刚过500家门店，至今也只是刚刚过千家，与美宜佳相比差距甚远。

虽然美宜佳便利店一路走来并不顺利，从第1家店到第1000家店花了近10年时间，但此后却越来越顺，从第1000家店到第10000家店只用了10年时间。

在中国的土壤上，便利店不能单纯地拿来模仿。即使是7-11这样的行业领袖，也同样会在经营方式和加盟模式设计上犯错，也会有“水土不服”的时候。

美宜佳定位为“本土的便利店”

22年来，面对起步更早、资本雄厚、经验丰富、管理规范且品牌响亮的国外品牌，美宜佳也毫不逊色。在与国外品牌的竞争中，美宜佳不断反思，最终将自己定位为“本土的便利店”，企业愿景是“成为中国最具本土特色的便利店行业成功典范”。

最早的美宜佳店面形象很一般，与街头常见的小士多店没有太大区别，只是店牌不同而已。但随后的每一年，你都会发现它在变化，在改进，不断更新，没有最好，只有更好。

资讯平台

对于便利店来说，多数人将目光集中在7-11、罗森、全家等几个日资品牌上。然而，与重资产投入、高度标准化的日系便利店相比，本土便利店更加灵活、更接地气。

品牌口号

2016年，美宜佳公司提出了品牌口号：更亲近的伙伴。

过去，美宜佳的品牌口号是“美宜佳，有你真好”。随着公司的发展，美宜佳需要一句更能代表美宜佳现在和未来的品牌口号——更亲近的伙伴，希望美宜佳成为大家的伙伴——是消费者的生活伙伴，是加盟者的事业伙伴，是厂商的合作伙伴，是员工的工作伙伴。

22年，美宜佳一路走来不断创新成长，不断努力提升自我，不断用心服务。在这个全新又充满挑战的起点，美宜佳希望通过每一个美宜佳人的努力，更加深入消费者的生活和内心，成为大家身边更亲近的伙伴。

品牌核心价值

美宜佳的品牌核心价值如下页图所示。

优质

品牌把关，品质决不妥协！600多个品牌资源，6000多种商品，满足消费者日常所需新鲜食品、日常用品、粮油副食、个护化妆品、冷藏冷冻品等。

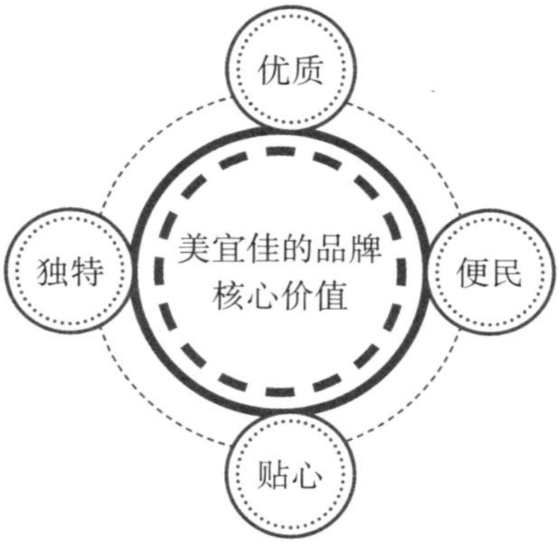

美宜佳的品牌核心价值

便民

美宜佳便民服务平台可提供金融服务、充值缴费、代收代寄、便民支付、特色服务等5大板块30余项的便民生活服务，每月服务顾客超过1.5亿人次，为消费者日常生活出行提供便利，有效为门店带来人气，增强盈利能力。

贴心

对消费者，为顾客提供贴心、热心的特色服务；对投资者，从投资策划到店铺装修，从商品选择到陈列布局，从开业培训到营销支持，全程专业指导、悉心服务。

独特

因地制宜经营内容和服务。加盟模式、经营管理和内部文化等都具有自己的特色多个人气自主创新品牌，为门店带来更多活力和收益。

经营理念

经营理念即系统的、根本的管理思想。美宜佳的经营理念如下页图所示。

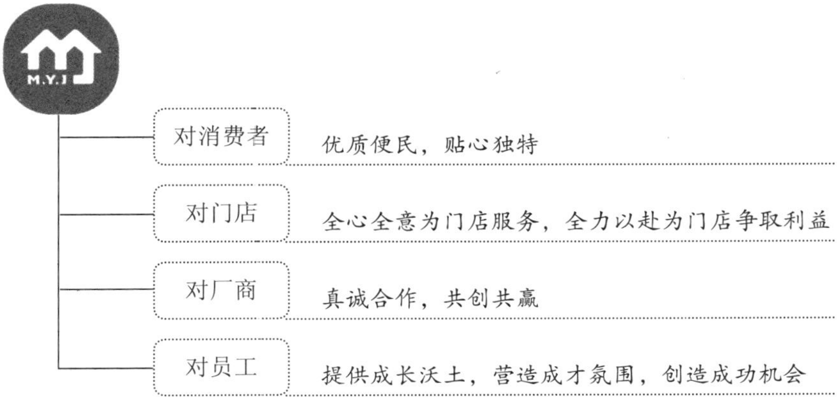

美宜佳的经营理念

第二节　品牌形象的升级

当前，市场变化日新月异，竞争激烈，品牌之间的模仿、被模仿，导致同质化现象越来越明显。为了适应市场竞争变化和消费者需求，为消费者带来更好的服务和体验，为加盟者带来盈利，让品牌保持差异性和活力，美宜佳进行了新一轮的品牌升级工程。

升级背景

从2012年开始，一渡传智便与美宜佳展开合作，先后孵化了多个自有品牌，均取得了成功，增加了企业利润，提升了企业形象。

在对美宜佳的各大部门，各区域的代表性门店及目标消费人群进行访谈、调研后，一渡传智发现走社区化路线的美宜佳，在门店密度、商品品质、经营内容和加盟模式等方面都与消费者、加盟商形成了亲近如伙伴的关系，而这是外来大品牌和众多本土品牌所不具备的。

通过调查，一渡传智发现美宜佳的目标受众，即在城市里生活的18～38岁的普通大众有几个明显的特点：越来越忙碌，他们需要的是身边的便捷生活；家庭成员少，不需要经常性大量采购，而是就近解决；收入在不断增加，更加注重商品品质和购物体验；虽然整个社会环境处于熟人社会向陌生人社会的转变，但他们依然重视朋友圈式的生活方式，渴望在生活中得到更多人的关注、认可与帮助。

在这样的需求和背景下，美宜佳应如何顺应时代的发展呢？答案很明显，唯有提升自我。

升级方案

22年来，美宜佳先后启动了6次形象升级工程。从2016年10月开始，美宜佳在2013年店铺升级的基础上，进一步对美宜佳品牌进行整体优化和创新，希望打造一个更好的美宜佳，给加盟者信心，给消费者更好的体验。

品牌标识优化

在进行品牌形象优化时，传承与创新的结合成了核心要素。美宜佳对原有品牌标识进行了优化，优化后的Logo是简洁、柔和的圆形，代表了可靠、亲切的品牌个性；品牌色年轻而充满活力，表达了热忱的服务精神，寓意蒸蒸日上的发展势头。在品牌核心基因与应用开发上，设计师有针对性地进行了一系列大胆而准确的重塑，如下图所示。

Logo与品牌口号优化前后对比

门店形象优化

2016年6月9日，恰逢五月初五端午节，“端”字有“初始”的意思。在这寓意美好的一天，一家全新形象的美宜佳门店——D888寮步金兴美宜佳隆重开业了。这家门店是美宜佳新一轮形象升级工程的成果，将为社区居民带来更优、更好的服务和体验，也将和美宜佳一起迈上一个全新的历史台阶。

美宜佳新的门店形象

作为第一个全新形象的样板店，D888开业当天受到了广泛关注，现场人潮涌动。大多数消费者对美宜佳的华丽变身感到惊喜，同时也对新门店的购物环境赞赏有加。

零售空间优化

美宜佳在零售空间的整体优化方面，设计原则是围绕品牌个性——“可靠、灵活、亲切、时尚”来提升消费体验、刺激购买和打造差异化，体现在以美宜佳品牌色为店招主要配色，品牌标识图形突出设计，力求醒目、独特。

（1）提取品牌核心视觉元素，融入空间打造专属符号。

升级后的美宜佳门店视觉效果

（2）布局推敲及动线规划设计，适用于多种空间结构。

整体布局效果

（3）搭配多种材质，凸显升级后的品牌质感。

多种材质的搭配效果

（4）组件模块化，多种组合，适用于各种布局。

模块化的布局效果

（5）打造更舒适的体验空间，增加休闲区面积。

舒适的休闲空间

（6）圆角代替直角，视觉上更亲和、更友好。

圆角的视觉效果

（7）设置品牌形象展示区域，用细节装点空间。

品牌形象展示区域

（8）以暖色系灯光代替单调的白光，为顾客带来更多的温馨感，让人觉得美宜佳不只是一个购物场所。

相关链接 》》

“互联网+”时代下的便利店形象设计

便利店的终端形象设计包括终端形象SI设计、终端物料VI设计、招牌设计、空间规划、货架设计等。在“互联网+”时代，随着人们消费习惯的转变，中国便利店的业态呈现出新的时代特征，中国便利店的品牌形象需适应“互联网+便利店”的发展趋势，重新定位以及融入更多的互联网元素。

1. “互联网+”时代便利店的业态现状及预测

（1）信息技术在便利店的应用。

随着移动互联网的迅猛发展，微信、支付宝等新的支付方式在便利店的应用越来越普遍，同时，更多新兴的信息技术正改变着人们的生活习惯。因此，在进行便利店终端形象设计时，须充分考虑新的信息技术在便利店视觉形象设计中的应用。

（2）便利店拓展与快递、网购品牌的合作。

在互联网时代，电子商务发展迅速，从而带动了物流快递行业的发展。快递公司为了降低成本，方便客户，采取与便利店合作的方式，由便利店代收发快件。另外，许多线上的商家都需要与便利店合作，顾客在网上下单，在便利店提货或者由便利店送货。所以互联网时代下的便利店，已经不只是销售自己的产品，而是要结合O2O方式，为此要增加库存量。

（3）便利店店面形象的转变。

随着便利店引入互联网、电子商务，年轻人渐渐成为便利店的主流消费群体。便利店的终端形象也越来越趋向年轻时尚化，采用年轻人喜欢的色调和装潢。为此，便利店的店面形象出现分化，分成两种：一种是有销售现磨咖啡的便利店，顾客以年轻人为主，更趋向于时尚化，店里光线柔和，色调偏暗，装饰面板采用深褐色等深色调材料，如全家、C-store；另一种是传统的便利店，色调鲜艳明快，光线明亮，如7-11便利店。

（4）便利店连锁品牌发展要求形象的统一性和标准化。

便利店连锁品牌有统一的理念、统一的标准化的形象及管理方式，既有效节省成本，又更容易在消费者心中形成品牌认知。便利店引入O2O模式后，可实现顾客线上下单，店员送货上门。店员送货的包装箱、包装袋、自行车等，都要结合品牌定位和VI，统一形象。因此，便利店谋求品牌发展，须设计及使用一套高标准、统一化的品牌形象。

（5）网上订餐的模式使便利店中快速餐饮的需求增大，店内快餐区域占比越来越大。

便利店不再是仅仅提供零食、饮料等便捷商品的生活便利店，近年来，由于网上订餐等新O2O模式的出现，便利店的快速餐饮需求明显增大。便利店通过顾客在网上订餐，在店内用餐的模式，带动消费者二次消费，实现更好地盈利。因此，店内用餐区域的面积规划得越来越大。在进行店面形象设计时，须充分考虑该发展趋势，进行合理的功能区域规划。

（6）无店员便利店将是“互联网+”时代的发展趋势。

科技改变生活，“互联网+便利店”将转变现行的便利店经营模式，大量采用自动售卖机+在线支付。在劳动力成本大幅增加的今天，无店员自助售卖将成为“互联网+便利店”的发展趋势。

2. “互联网+”时代的便利店店面形象设计要求和趋势

便利店的行业特点决定了其终端店面的形象特征是醒目、快捷、便利，在空间设计表现方面有别于超市和百货商场等其他购物空间类型，有其特有的设计要素和设计要求。再加上“互联网+”融入便利店，使便利店的设计既要保持醒目、快捷的特点，又要适应时代的要求，融入“互联网+”要素。因此，“互联网+”便利店的终端店面形象要体现以下3个方面。

（1）采取标准化、模块化设计，满足快速复制开店的要求。

便利店基本上选在人流量大的商圈、社区或写字楼附近，租金成本高，为适应“互联网+”时代便利店更快速地开店以及降低开店成本，连锁便利店设计要做到标准化和模块化，店面招牌、灯箱、货架、收银台等皆应实现标准化、模块化的设计，并由厂家统一批量化生产。一方面，以统一的视觉形象展现在顾客面前，产生品牌效应；另一方面，使加盟商缩短开店装修的时间，提高效率，降低成本。

（2）店面设计简洁、识别性强。

便利店是为满足消费者应急性、便利性的需求而存在的一种业态，所以招牌及整个店面形象要简洁、识别性强、视认性高，与其他品牌形成差异。近年来，许多品牌都融入了互联网品牌的设计元素，如更多的橙色、黄色、绿色、灰色、咖啡色的应用，增强年轻消费者对品牌的认可度。

（3）采用节能环保、可重复利用的材料。

“互联网+”时代下，更多年轻人喜欢在晚上购买宵夜或者零食，因此将有更多便利店适应这种需求，采取24小时营业。由于营业时间长，所以需选用低能耗的照明灯具，实际效能值要尽量做到低于15 瓦特每平方米，如LED灯管和LED射灯或筒灯。按每家店一年节省照明费用2万元计算，这对于一个拥有上百家连锁店的便利店品牌来说，是很有效的节约成本的途径。虽然便利店开店前对周边的人流量等做了调研分析，但由于各种原因，有些便利店还是会出现经营业绩不佳需撤店，另选址重开的情况。因此建议便利店装修要选用可拆装、可重复利用的材料。例如便利店店面面积小，商品多，靠墙处几乎摆满货架，所以墙面无须刷漆或封板，只要把货架的背板做高，就可遮挡住墙体，既统一又可随货架拆装重复利用；地板可选用免胶环保地板，这样安装方便快捷，可重复利用，可回收。

第三节　品牌服务的延伸

品牌服务的延伸是指利用现有品牌名开发新的产品类别，推出新产品的做法。东莞市糖酒集团有限公司借助美宜佳的品牌优势，现已发展了彩田食品、彩华商贸、彩洋科技、美宜佳商学院、彩运物流、华雪冷链等6大配套业务，全方位支持美宜佳的发展。

彩田食品有限公司

10年前，美宜佳规模尚小，渴望能够丰富经营商品的种类，以形成自己的市场竞争力。比如在面包蛋糕类产品的经营上，因美宜佳门店少、需求小，一般供应商都不愿配送。2007年，美宜佳自建小型加工厂，命名为彩田，支持门店经营需要。随着美宜佳规模的不断扩大，彩田也注册成为专业食品公司，走上了专业化生产道路，不但支持美宜佳门店的发展，而且形成了自己的产业。

公司概况

东莞市彩田食品有限公司是东莞市糖酒集团美宜佳便利店有限公司属下的控股公司，坐落在中国食品名镇——茶山镇。

公司拥有一个在食品行业奋斗多年的科研、生产、销售团队，拥有5000多平方米洁净、装备完善的标准化生产车间，设有常规化验室、微生物培养室、无菌工作台等，拥有一次分割、成型、醒发、烘焙、包装等先进生产设备，是一家集研发、生产、销售、配送为一体的现代化食品公司。

公司主要产品

公司主要从事烘焙类产品，如面包、蛋糕、西饼、月饼等的生产、销售与配送，产品销往珠三角地区的数千家美宜佳便利店及其他超市、商店、工厂。

公司产品真材实料，已获得国家食品行业的质量安全QS认证。值得一提的是，公司有多年的月饼生产经验，创立了自有品牌“彩田月饼”，该产品获得国家、省、市月饼评比多项荣誉。彩田月饼产品选料上乘，制作精良，口感风味独特，定价合理，多年来深受广大消费者喜爱，是企业团购送礼、员工福利、家庭自用的最佳选择。

彩华商贸

彩华商贸成立于2011年4月，是一家具有互联网思维的商贸企业，立足珠三角市场，辐射全国。公司以提供“小店+”专业解决方案的品牌使命，积极构建便利店自由联盟组织，为联盟客户提供店铺规划、培训、商品采购、营销支持、营运指导等技术和服务，汇聚更多的新资源，帮助门店突破经营局限，不断提升市场竞争力。

自公司成立以来，通过专业、高效的运营，公司取得了优秀的业绩。截至2017年底，公司销售额已超过7亿元，每年以80%的业绩增长率快速发展，是广东省销售额最高、增长率最快的“小店+”服务提供商之一，省内业务覆盖东莞、深圳、广州、惠州、佛山、中山、珠海、江门等城市。公司拥有行业内领先的快消品B2B订货平台及多个常温配送仓和全程冷链配送仓，为零售终端客户提供专业运营解决方案。公司经营的主要品牌有伊利、玛氏、王老吉、嘉士伯、海天、汇源、喜力、箭牌、高洁丝等，并着力打造“淳风派”系列自有品牌。

公司坚持优质、灵活、分享、共赢品牌价值，是个体零售店、小型连锁系统、零售行业创业者优质而有保障的合作伙伴。

彩洋科技

彩洋信息科技有限公司成立于2011年，是东莞市糖酒集团美宜佳便利店有限公司控股子公司。母公司美宜佳便利店有限公司是东莞市糖酒集团有限公司旗下致力于为社区居民打造便利生活的专业连锁企业。彩洋科技依托母公司，专注于为客户提供金融服务与便民服务整体解决方案，致力于发展成为连锁企业金融服务专家。

彩洋便民服务平台是彩洋信息科技有限公司凭借其独有的社会渠道网点优势以及对金融、便民服务应用的深刻理解，结合电子商务、IT技术发展而研发的服务平台，主要提供下图所示的金融便民服务。

项目一	金融服务	资金归集、代办小额汇款、小额授信、信用卡还款
项目二	支付服务	银行卡支付、移动支付、城市一卡通支付
项目三	代收代寄	包裹寄存、天猫包裹代收、顺丰代收代寄
项目四	增值服务	彩票业务、微信找零、礼品兑奖、预付费卡代售、城市一卡通代售
项目五	充值缴费	支付宝充值、微信红包充值、城市一卡通充值、全国手机充值、Q币直充、游戏点卡充值、流量包充值、代缴交通违章费、代缴固话宽带费、代缴水电煤费

彩洋金融便民服务项目

彩洋便民服务平台自成立之日起，便结合对移动互联网和连锁行业的深刻理解，为所有的美宜佳门店提供移动支付、POS收单、资金代收付、便利小贷、代收代寄、充值缴费、特色服务等多个板块的服务。此举不仅为美宜佳门店带来了实际的经营收益，而且带来了大量客流，带动了门店的整体销售。

美宜佳商学院

美宜佳商学院成立于2014年10月，由美宜佳便利店有限公司和环众物流咨询有限公司合资成立。美宜佳商学院的定位是企业发展战略的促进者，致力于使用科学的培训方法及人才培养模式，提高加盟店经营管理水平，提高企业员工岗位胜任力，为公司发展战略储备管理人才。

商学院的培训业务

商学院的培训业务如下图所示。

业务一	加盟商培训	采用分区小班化开课、理论和实践一体化的培训模式，手把手教加盟者如何经营好一家美宜佳便利店
业务二	总部员工培训	引入中英现代学徒制人才培养模式，培养总部储备人才，借助国际力量，让人才培养更科学、更高效；每月组织企业内部学习活动，邀请公司高管或业务精英开设月度公开课，分享工作中的实战心得
业务三	校企合作项目	探索深度校企合作，采用课程输出、学分置换等方式与多所院校进行合作，共同培养企业适用型人才

商学院的培训业务

商学院的使命

商学院的使命如下图所示。

企业战略的支持者	对接公司发展战略，从人才发展方向及储备上配合人力部门，支撑组织战略的落地
人才标准的研究者	根据业务发展需求，研究人才培养模式及培养标准
企业文化的传承者	传承企业文化，培养企业员工，营造公司员工好学进取的学习氛围
业务绩效的助推器	挖掘业务骨干的个人特性，研究骨干人才培养模式，开发配套系列课程、任务包
员工成长的顾问	把员工个人职业发展规划与公司战略相融合，为各岗位员工制定学习规划

对外合作的窗口

发挥对外合作的窗口和平台作用，促进与国内外同行的教研、产业合作，有效展示本企业的文化、理念和品牌

商学院的使命

彩运物流

惠州彩运物流有限公司是东莞市糖酒集团美宜佳便利店有限公司在惠州大亚湾设立的全资子公司，主营业务包括仓储服务、运输服务、区域配送、城市配送、代收货款等，是一家综合性的物流公司。

彩运物流拥有优秀的管理团队和专业的仓储管理经验，致力于提供卓越的服务。公司目前在东莞黄江和惠州大亚湾设立仓库，室内仓储总面积超过3万平方米，主要服务行业为常温快速消费品、家电。提供仓储管理、分拣、加工、装卸、运输、配送、国内分拨等一体化服务。

华雪冷链

华雪冷链是一家从事冷链仓储、分拣包装、干线零担、城市配送、生鲜速递等众多业务类型的冷链物流服务公司。公司成立于2002年，是美宜佳指定的冷链物流服务商。

华雪冷链主要服务超过数千家美宜佳门店，提供专业的冷链仓储、拆零分拣、配送服务以及耗材管理。多年来，华雪冷链一直秉承“把握每个机遇，用心为您服务”的服务理念，致力于提高服务水平，打造专业的物流服务团队。

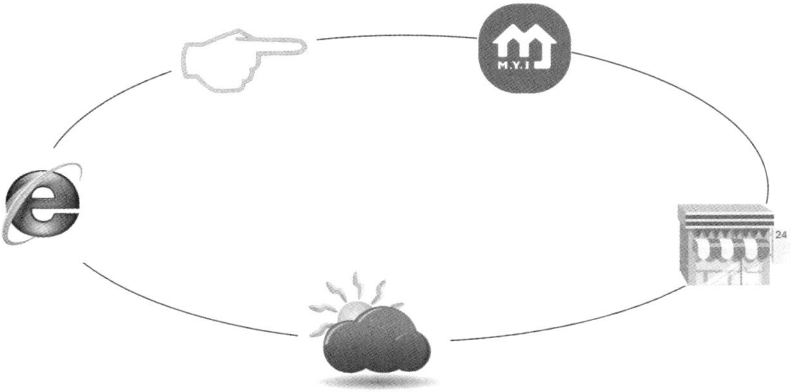

第四章
美宜佳，社区生活便利化

导言：

美宜佳致力于为有志于投身零售行业的创业者提供优质的投资创业平台，通过与投资者的真诚合作，创造更亲切、更时尚的便利生活方式，努力成为消费者身边值得信赖和喜爱的社区便利生活中心。

第一节　美宜佳的便民服务平台

美宜佳的便民服务平台提供了金融服务、充值缴费、代收代寄、便民支付、特色服务等5大板块30余项的便民生活服务，每月服务顾客超过1.5亿人次，为消费者解决日常生活问题，并有效为门店带来人气，增强盈利能力。

美宜佳主要便民生活项目展示

便民金融服务

美宜佳提供的便民金融服务主要包括以下项目。

代办小额汇款

代办小额汇款是美宜佳特色便民业务，可满足顾客小额转账汇款的需求。美宜佳为顾客提供24小时向全国各地汇款的汇款服务，可支持多家银行。此业务具有手续费低、24小时服务、全国汇款、方便快捷、快速到账等特点。

代还信用卡

解决顾客信用卡还款问题，顾客刷卡进行信用卡还款，操作简单，无须排队，方便快捷。此业务能为门店带来高人气。此业务具有手续费低、24小时服务、方便快捷、快速到账等特点。

充值缴费服务

美宜佳提供的便民充值服务主要包括以下项目。

全国手机充值

美宜佳便利店为广大顾客提供了全国移动、联通、电信手机充值服务，顾客可以在广东、福建、湖南三省的8000家美宜佳便利店轻松充值，尽享便利生活。

支付宝充值

2008年7月，美宜佳成为全国首批支付宝线下充值业务终端合作商，开创性地将支付宝业务嵌入到前台收银系统中，丰富了美宜佳门店的充值业务。来美宜佳，顾客可使用现金为其支付宝账户充值，安全又方便。

游戏充值

美宜佳便利店有限公司为了增加门店收入，提升门店竞争力，推出了游戏代充值和提供游戏电子充值券服务，顾客可以在任意一家美宜佳便利店轻松选取所需要的游戏代充值服务，包括：

（1）Q币直充——现有消费最大的网络虚拟货币之一，代充值成功后可玩腾讯近百种游戏。

（2）最潮流的游戏点卡——通用近百种最受玩家追捧的网络游戏，想玩什么就玩什么，随心所欲！

固话／宽带缴费

美宜佳便利店为广大顾客提供了广东省固话／宽带缴费服务。服务包括：

（1）包月宽带充值缴费。

（2）综合缴费（后付费捆绑套餐缴费）。

美宜佳省去了顾客去营业厅排队缴费之苦，为顾客贴心服务。

流量包充值

手机流量包充值是指流量叠加包业务，不受顾客原有的流量套餐限制。当顾客流量用完或不足时，可额外选择不同流量套餐的叠加包进行充值，继续享受便捷、优惠的手机上网服务。

微信红包充值

微信钱包零钱没有了，想发红包怎么办？想享受微信各项服务怎么办？美宜佳，顾客身边的微信红包充值“加油站”，只要顾客到美宜佳的任意一家门店，均可凭现金进行充值。门店通过前台为顾客充值，打印充值小票，顾客只需通过微信App“扫一扫”功能，扫描小票上的二维码，点击领取红包，即可轻松搞定。

代缴水电煤

美宜佳便利店有限公司为了提升服务档次，方便顾客生活缴费，向不同区域门店推出代缴水电煤等生活缴费服务，让顾客可在任意一家美宜佳便利店代缴水电煤等生活缴费。目前，美宜佳便利店有限公司通过整合社会资源，拓展的生活缴费项目有代缴广州电费、代缴东莞水费、代缴中山水费。缴费不再是问题，便利生活从美宜佳开始。

代缴交通违章罚款

代缴交通违章罚款是美宜佳为满足广大车主的需求，解决交罚单麻烦、异地消单难的烦恼而推出的便民服务项目。代缴罚款的内容包括电子警察、移动抓拍、现场罚单。目前受理区域为广东全省与部分外省地区。美宜佳便利店代缴系统与交警数据库实时对接，顾客可在美宜佳免费查询全国联网省份车辆违章记录，并可快速办理。

代收代寄

代收代寄包裹

代收包裹项目，是针对上班族不方便收快递，或一些顾客不愿透露家庭住址等隐私而推出的。美宜佳主要负责代顾客签收包裹以及妥善保管，顾客在收到短信后凭密码到美宜佳验证取件，从而确保快件的安全。

代寄包裹项目，是为满足顾客的寄件需求而推出的，有多个快递公司供顾客选择，可以满足顾客对寄件速度、寄件价格的不同要求。

便民支付服务

美宜佳提供的便民支付服务主要包括以下项目。

通用扫码支付

为满足广大消费者手机支付的需求，美宜佳已接入支付宝支付、微信支付、翼支付、QQ钱包支付及百度支付。顾客来美宜佳购物消费无须携带现金，只需在智能手机上下载相应的App，并打开“付款码”页面，收银员进行扫码即可完成支付。

微信找零

为解决门店现金找零的痛点，节约门店准备零钱的成本，加快收银效率，减少现金找零出错的概率，提升顾客满意度，减少顾客对硬币、残币的烦恼，美宜佳特推出微信找零新产品——顾客用现金结账，门店通过微信找零业务给顾客打印找零小票，顾客只需通过微信App“扫一扫”功能，扫描小票上的零钱二维码，点击领取零钱红包，零钱即可到账！

银联支付

为方便广大消费者在美宜佳购物结算时使用银行卡消费，持卡的消费者可以通过美宜佳店内的银联POS机进行刷卡、插卡、挥卡支付，或使用银联云闪付等方式进行支付。

特色服务

美宜佳提供的特色服务主要包括以下项目。

中国体育彩票

2008年7月底，美宜佳开始与各市体彩中心合作，逐步在深圳、广州、东莞、顺德、佛山、中山、惠州、河源、珠海、中山、清远、肇庆、汕尾、潮州、揭阳、梅州等区域销售“顶呱刮”即开型体育彩票。

城市一卡通

城市一卡通是城市公共交通一卡通系统，覆盖各个城市内外公交和地铁。美宜佳经营项目包含交通卡售卡、充值、消费3项业务，可在门店购买交通卡、完成交通卡充值和使用交通卡消费！

广告资讯发布

美宜佳的广告资讯平台是利用无线技术及因特网搭建的社区文化传播平台，是以LED和LCD为显示终端，传播最新、最快资讯，媒体可信度高、受众定位精准、覆盖各主流消费人群收视的全新媒体网络。

凭码兑奖

凭码兑奖是便民服务中的一项特色服务。美宜佳与商家进行合作，发放“中奖号码”作为兑换某种指定商品的凭证，美宜佳门店只需核实兑奖码并将商品给予持有兑奖码的顾客。此项目旨在维护顾客关系、进行商业促销、增强顾客黏性、加强顾客体验。

相关链接

日本便利店提供的服务

很多去过日本的小伙伴都表示被日本那便利到“爆”的“コンビニ”折服了，那么，在日本的便利店，我们到底能享受到什么样的服务呢？

当你走进便利店时，首先会听到一声亲切的“いらっしゃいませ”（欢迎光临），你绝对会被店员们亲切的笑容所感染。

（1）早晨起床晚了，来不及做早餐。

来便利店吧！这里会有粥、寿司、饭团、包子、豆浆等各式热乎乎的早餐供应，绝对能安抚你躁动的胃，让你精力充沛一整天。

（2）水电费没有缴。

来便利店吧！这里有贴心周到的代缴水电费等服务，绝对能够第一时间为你排忧解难。

（3）吃完早餐准备前往客户那里，突然发现要用的资料还没有打印。

来便利店吧！这里有最便利的打印服务，别说是打印资料了，就算你想要冲洗照片，店员也可以笑着满足你。

（4）从客户公司回来，口干舌燥。

来便利店吧！这里饮料、果汁、水果、现磨咖啡一应俱全，总有一款能够满足你。

（5）突然想上卫生间。

来便利店吧！这里的卫生间即使你不买东西也可以自由免费地使用，而且绝对干净、无异味。

（6）午餐时间，不知吃什么。

来便利店吧！这里有各式便当、关东煮、三明治、蛋糕点心、沙拉、水果、饭团、炸鸡……随时加热，总有一款是你所爱。吃完再配上杯果汁、咖啡、奶茶、热巧克力，这种幸福感只有吃货才能体会。

（7）想看电影还没来得及买票。

来便利店吧！在这里，只要电影还在上映，座位还有空缺，你绝对可以买到自己心心念念的电影票。

（8）脚后跟磨破了皮、疼痛难忍。

来便利店吧！这里有创可贴等很多常用药品，能够第一时间减轻你的痛苦，让你很快恢复到最佳状态。

（9）想要现金，附近又没有银行。

来便利店吧！这里配备有ATM机，能够让你迅速找到有现金在手的安全感。

（10）想了解最新的时尚资讯。

来便利店吧！这里的杂志专区罗列着各种各样的时尚杂志，绝对正版。

为了适应人们不断变化的生活需求，日本便利店的服务从最初的日常生活用品的售卖，发展到水电费等的支付、打印、收发快递、送货上门、ATM机等各个领域，可以说是将“便利”这个词发挥到了极致。毫不夸张地说，一个便利店基本上就可以搞定你日常生活中的所有需求。

第二节 美宜佳的O2O社区服务

如何通过打通线上线下（O2O），真正为传统零售门店带来客流量一直是个难题。移动支付将是打通O2O闭环的关键环节，是一个突破口。

打通O2O环节

随着O2O概念的出现，美宜佳开始与电商网站合作，结合自己的线下门店优势，推出电商包裹线下自提点、线下门店进行电商新品和优惠信息展示等服务，逐渐打通O2O链条中的各个环节。

随着支付宝钱包和微信钱包等移动支付工具的大规模推广，美宜佳借助这两大平台，开始建立自己完整的O2O闭环。在手机端，美宜佳与用户建立了直接联系，打通线上线下形成闭环，然后通过对会员数据的分析，进而实现精准营销，最终将线上用户引入线下门店消费。

美宜佳想做的不仅是改变支付方式，而且是拥抱更广阔的互联网。通过大数据实现精准营销即是其中之一。美宜佳在支付宝App里的公众号已经推出了查找附近门店等功能，在此基础上建立完善的会员体系，分析消费习惯，做精准营销，优化商品库存和供应链。

美宜佳在支付宝里的查找门店功能界面截图（一）

美宜佳在支付宝里的查找门店功能界面截图（二）

资讯平台

不惧电商，回到线下、挖掘线下已经成为传统零售业的新方向，而便利店作为未来最被看好的业态也将衍生新的服务。

构建O2O入口

打通线上线下，引导更多的顾客进入线下门店消费，增加客流量，是O2O对传统零售业的最大意义。

与电商平台合作

美宜佳与电商平台合作，其线下数千家门店开始代收电商包裹，进而吸引这些网购者进店消费。这种自提点模式让美宜佳从物流方面切入了O2O。目前，美宜佳每月代收的包裹达10万个。

美宜佳通过在门店内对电商网站上一些商品信息和优惠信息的展示，将线下门店的顾客引入线上，从信息流上切入了O2O链条。而通过这样的方式产生的部分电商包裹也将进入美宜佳自提点。

与支付宝、微信合作

美宜佳与支付宝、微信合作，通过支付宝钱包、微信钱包可在美宜佳的线下门店进行支付。自建O2O，美宜佳的突破口在资金流。

按照行业对O2O概念的理解，更多的是“On Line to Off Line”的缩写，这也符合传统零售业商业模式的需求。但自建O2O，企业要想实现线上精准营销、线下交易的目的，必须首先进行“Off Line to On Line”的逆向操作，即将线下用户引入线上，让他们成为企业的粉丝。这是最关键的一步，也是最难的一步。美宜佳曾尝试通过团购模式在线上建立商城，而引流则成为这些传统企业最头疼的事。但随着支付宝钱包和微信钱包这样的移动支付工具和社交平台的出现，这一问题正在得到解决。美宜佳的每家店面都张贴着二维码供顾客扫描，其目前同时运营支付宝钱包和微信钱包两大平台的公众号。二维码已成为O2O的重要入口。

完善O2O闭环

按照O2O模式的逻辑，拥有批量粉丝或者会员之后，企业需要进一步掌握其信息以形成大数据。用户消费数据便是通过支付环节收集的，当店员通过扫码枪扫描美宜佳粉丝的个人条形码完成收银后，其该次消费记录便被录入后台，随着消费次数累积，最终形成部分数据。但仅有顾客每次的消费记录还无法形成完整的大数据，更不用谈之后的精准营销，因为企业无法了解是“谁”进行了购买行为。据了解，用户的年龄、性别、身份等数据仅属于支付宝和微信等平台，美宜佳并未掌握这些核心数据，只能通过公众号平台与粉丝进行互动。美宜佳目前的做法是，通过电子会员卡，鼓励粉丝完善自己的个人信息。具备以上条件后，再加上强大的用户黏性，企业才能进行大数据分析，然后通过推送商品信息、优惠活动信息等方式进行精准营销，从而引导线上用户进入线下门店消费。

目前，美宜佳在移动互联网上已基本形成O2O闭环，比如已开发的外卖服务。在美宜佳的微信公众号中，有一个查找附近门店的功能，如下图所示。

美宜佳微信公众号查找附近门店界面截图

用户可以在手机上选择就近的美宜佳门店，根据商品清单下单，通过移动支付结账，最终由门店送货上门。

相关链接 》》

O2O便利店常见模式

从构建主体来讲，目前便利店O2O模式有以下3种。

1. 实体超市主导的便利店O2O模式

实体超市巨头企业通过依托、自建、收购网络平台开展便利店O2O模式。比如，沃尔玛、华联、永辉、步步高等企业纷纷在O2O领域试水。

实体超市主导的便利店O2O模式，可采取以下运营策略。

（1）以消费者自提为主，适当开展送货业务。

以实体超市为核心的便利店O2O模式凭借地理位置在线下具有强大的优势。实体超市可以通过构建或与电商平台合作，使便利店变成电商商品的配送节点，顾客在线上下单，去便利店取货，不仅充分保证包裹的安全，而且为便利店增加了进店率，开拓了新的业务。同时，适当开展送货服务，优化“最后一公里”，满足消费者及时性、便捷性的需要，也免去了售后难的问题。

（2）以货到付款方式为主，降低退货率。

在支付方式方面，因为顾客在便利店购物大部分是小金额消费，因此推荐采用货到付款模式。顾客通过电商平台购买商品后，可到当地便利店领取物品支付现金，也可以直接支付给送货员。这种方式可以提高便利店客流量，使顾客消费质量得到保证，降低电商平台购物诈骗的可能性。为了提高顾客购物的便利性，实体超市也可采用第三方支付模式，顾客在便利店消费后，进行线上支付。

（3）借助第三方平台推广，待成熟后开发企业App或移动终端网站。

随着科技发展，实体超市发展便利店O2O模式应该也要更加注重移动终端的用户体验。对于实体超市，开始可以选择依托于成熟的购物平台，将店面信息展示在第三方网站，借助其知名度做宣传，成熟后开发专属App或移动终端网站，给予顾客更大的优惠。

比如，好邻居便利店在微信公众号上加入新菜单“有求必应”，这是提供上门服务的O2O平台，除了居家保洁、家电清洗之外，还有手机维修、汽车保养、数据恢复等业务，甚至还包括上门开锁、情感咨询等小众业务。

“有求必应”将自己定位为生活服务一站式消费平台，该平台隶属于北京看过科技有限公司。好邻居是该公司首次在传统零售领域开展合作的便利店，通过好邻居产生的订单金额会以分成的方式作为好邻居提供入口的权益。

2. 电子商务企业主导的便利店O2O模式

电子商务巨头企业自建或整合社会上实体连锁超市企业的资源开展便利店

O2O模式。比如，京东集团已与上海、北京、广州等15座城市的上万家便利店达成O2O签约合作。

电子商务企业主导的便利店O2O模式，可采取以下运营策略。

（1）以顾客自提为主，提供多种类型的配送服务。

在货品配送方面，可以选用包裹自提的模式。

比如，全家Family提供24小时便利店自提业务，在保证商品按期送达的同时，允许顾客灵活安排时间收取商品，极大地提高了收货的便利性。

电商企业与便利店合作，采用就近送货模式把线下便利店纳入一个统一的信息系统之中，顾客在电商平台下单后，由最近的便利店送达，省去了电商物流环节，资源得到更合理的配置，极大地满足了顾客及时性、便捷性的需求，使效率达到最大化。

（2）以第三方支付为主，支持货到付款。

在货款支付方面，鉴于第三方支付的便捷性和顾客的网购习惯，推荐选择第三方支付，配合货到付款。网上订购、进店检查、货到付款，通过这一流程使顾客权益得到最大的保障。

（3）依托电商原有信用，网上交易为主，凸显网购便利化。

由于电商企业已积累大量线上购买评价信息，因此本模式以线上评价为基础进行销售服务，节省顾客线下购物的时间成本。也可辅以线下体验的销售方式，提高客流量，增加顾客体验，使购物更放心。最终交易主要通过线上完成，杜绝线上线下价格不一致的情况。

（4）依托原有电商平台，扩展便利店业务分支。

因为电商企业已有网上购物平台，所以无须依附其他平台和网站，可以在原有平台基础上延伸便利店相关服务内容，让按需推送、物流提醒等人性化服务得以实现，方便顾客了解购物信息。

3. 物流公司主导的便利店O2O模式

快递公司依托自身覆盖全国物流网络开展便利店O2O模式。

物流公司主导的便利店O2O模式，可采取以下运营策略。

（1）以配送服务为主，强调配送速度和质量。

针对物流公司这一优势企业群体，应当充分利用其物流配送能力，突出配送速度和质量，开展指定时间配送和快速配送的专项服务。同时，允许顾客灵活安排时间收取商品。通过差异化的竞争优势，使顾客及时性、便捷性的需求得到最大限度的满足。

（2）将第三方支付和货到付款灵活结合，由顾客自主选择付款方式。

在支付方式上，第三方支付与货到付款都可以应用于物流公司主导的便利店O2O模式中，使顾客的消费质量得到保证。二者灵活结合，最大化满足顾客。

（3）做好售前、售后服务，加强线下体验，实现差异化竞争。

物流企业应当对上架商品进行严格把关，通过精准的顾客分析精选产品，与传统便利店进行区分。同时，凸显线下的售后服务，如完善线下体验、发展退换货业务、上门安装等，实现网络流程现实化，使O2O便利店更好地与物流衔接，与传统电商形成差异化竞争优势，弥补价格较高的不足。

（4）充分利用现有物流网站及软件，为顾客提供更加精准的送货跟踪服务。

在应用技术上，便利店可通过免费的便民服务或优惠，引导顾客安装App，进行宣传推广。使顾客在App中了解更多促销、优惠信息，提升顾客的购买量，同时完善店内商品种类，使其更具特色。依托健全的物流平台，为顾客提供更加精准的送货跟踪服务，执行企业的宣传和达成顾客的购买。

第五章
美宜佳，会员促销多样化

导言：

早在2011年，美宜佳就已上线会员营销信息系统，为实现会员精准营销打下了坚实的基础。2013年，会员营销项目重新启动，并以全新的形象面向社会开展一系列会员体验活动，提升了会员体验，给广大门店带来了更多的忠实顾客。

第一节　推出小程序，引流会员

由于小程序具有无须安装下载、容易获取、体验简便等特点，因此在微信生态上具有天然的巨大优势，微信因自带的10亿多月活跃用户而稳坐App第一宝座，可谓深不见底的流量“黑洞”。美宜佳在此基础上推出了两款线上线下相连接、国内首个便利店品牌的小程序。

小程序——全新营销渠道

小程序不用安装、无须下载、用完即走的特点，决定了其连接的本质。作为国内首个推出小程序的便利店品牌，美宜佳把原本局限于线下或公众号的活动、优惠“搬”到了更加灵活的小程序上。

2017年

美宜佳初入局，就推出了两个各有目的的小程序，具体如下图所示。

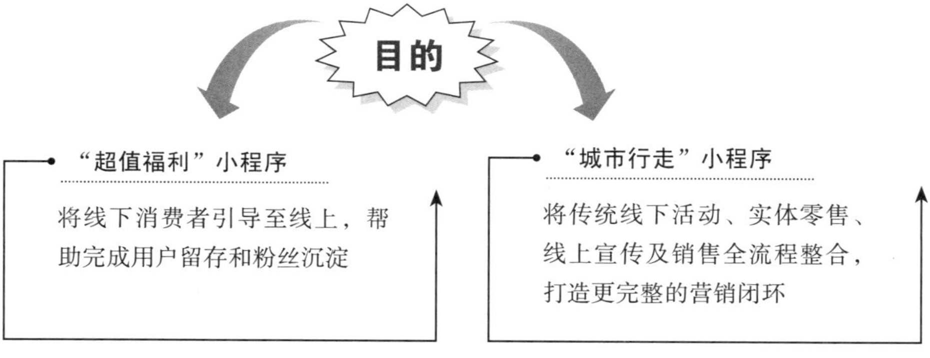

美宜佳的小程序

（1）“超值福利”小程序。

具体来说，“超值福利”小程序在首页展示了益达的广告以及优惠券领取。对于品牌方来说，美宜佳不仅是零售商，而且是强有力的营销平台，能够把1600万美宜佳粉丝转化为品牌销售力；对于消费者来说，“超值福利”是全新的、更便捷的服务平台。

首页上，顶部Banner展示了相关优惠活动广告，在“今日推荐优惠”中提供可领取的电子消费券，到店即可使用。

线上线下连接一直是所有O2O企业的营销痛点，线上用户难以通过一种较好的方式获得商家线下的长尾服务，线下用户也难以触达线上得以留存。美宜佳“超值福利”利用小程序容易获取的特点，结合消费者的需求以及现有零售渠道模式，打造了这个更具参与度的活动内容，解锁更多的链接方式。

（2）“城市行走”小程序。

“城市行走”小程序接通微信运动接口，通过前往美宜佳门店打卡累计步数，并通过排行榜激励用户参与活动，从而增强用户黏性，实现门店引流。

消费者通过众多线上线下入口，快速进入小程序并参与活动，用查看步数排行榜、领取优惠券和参与门店打卡的方式，让用户回到美宜佳线上公众号，了解最新动向，再次引流至线下门店，增加客流量，最终形成双向闭环、品效合一的营销模式。如下图所示。

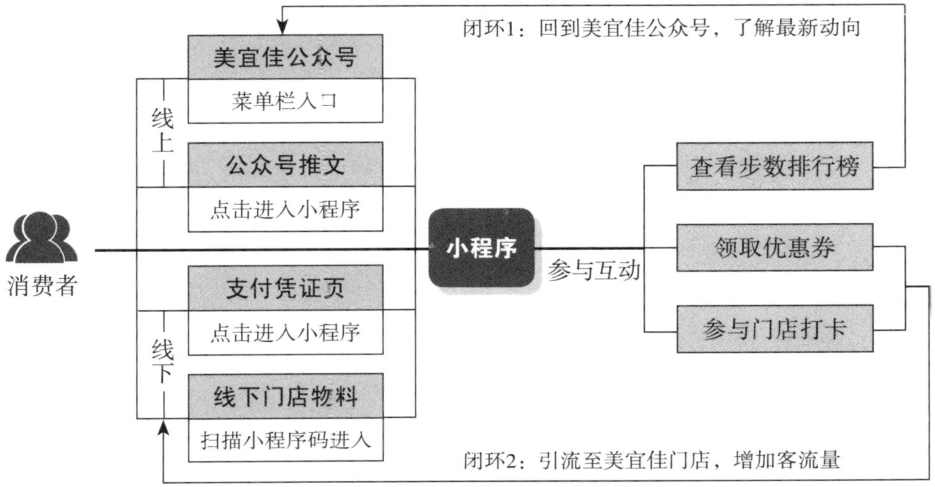

小程序形成的全新营销模式

2018年

2018年，基于微信生态，美宜佳开发了优惠券小程序、会员小程序、外卖小程序、电商小程序、快递小程序等，借助小程序全面呈现多形态的会员权益。其中，美宜佳优惠券实现了千店千面等核心功能；另外，与微信支付实现了三码合一（优惠码、会员码、支付码）。美宜佳小程序让会员不仅享受到优惠便利的服务，还弥补了线下门店受限的面积和产品，从而使会员体验得到较大的提升。

美宜佳小程序截图

截至2019年1月，美宜佳小程序累计用户数达到1700万，正式会员数量突破700万，小程序在当中发挥了较为重要的作用。

相关链接》》

美宜佳上线小程序，打造零售新模式

上线了“超值福利”小程序的美宜佳，活动页面访问次数达到了将近46万，访问人数更是达到了27.6万。

页面访问次数：459012
页面访问人数：276946
分享次数：872
分享人数：552

在小程序中参加活动的益达品牌，6款活动产品总计销售额增长24%，绿箭整体销售额增长了30%。

而“城市行走”小程序活动页面访问次数达到了27万，参与人数达到了1.7万。

页面访问次数：270939
页面访问人数：162959
分享次数：530
分享人数：320
“城市行走”参与人数：17319

美宜佳开发的两款小程序总访问次数超过了72万，并保持了5%～10%的增长率，预计将为美宜佳门店引流1亿人次。

小程序——真正的营销工具

在入局小程序时，很多品牌会担心：我们的小程序怎样才能全方位地触达用户呢？事实上，相较于刚开始微信对小程序的各种束缚，目前小程序的入口已经从单一的搜索变得越来越多。

美宜佳就是通过线上线下入口连接小程序，具体措施如下图所示。

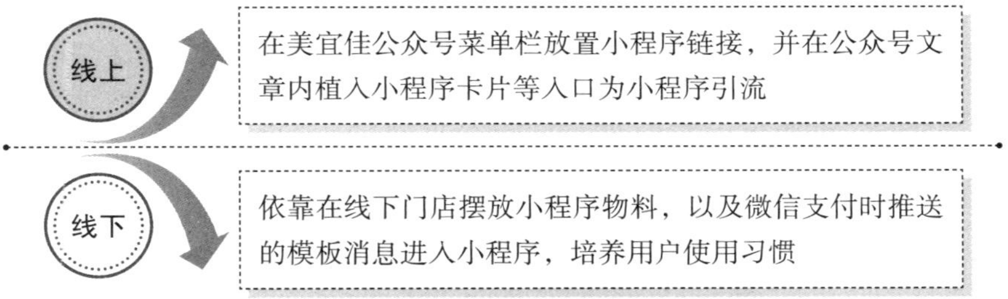

美宜佳引流小程序的入口

这些入口，实现了多方联通以及完整的营销闭环。消费者在线下渠道进入小程序，随即参与优惠券或到门店打卡的线下活动，最终再引流至美宜佳门店，增加客流量；在线上进入小程序后，同样参与线下活动，一有机会就引流至线下门店，而在查看步数排行榜时回到美宜佳公众号，了解最新动向，形成闭环。

小程序可以实现“内容+连接”，除了依靠线上线下的自有入口引流外，美宜佳还通过定制传播内容，投放了包括美宜佳以及一些地域号的相关文章，阅读量达到20多万。

美宜佳通过内容联动，促成小程序的再次传播，为小程序以及品牌带来更多的访问量和关注度。

相关链接》》

小程序与新零售场景的连接

在当前的零售行业中，“80后”“90后”从买卖的生力军进入主力军，这部分人群已经完全适应移动互联网下的生活方式。零售行业正在变得数字化与一体化，微信小程序的到来可以帮助零售企业达到这个目标，起到连接的作用。

小程序能更好地帮助门店与用户进行互动，以前是门店拥有一个公众号，用户通过公众号推送的文章了解门店活动，现在通过小程序可以直接扫码领取优惠券，还可以享受线上购买，在小程序领取优惠券之后也可以去其他门店消费这个优惠券。

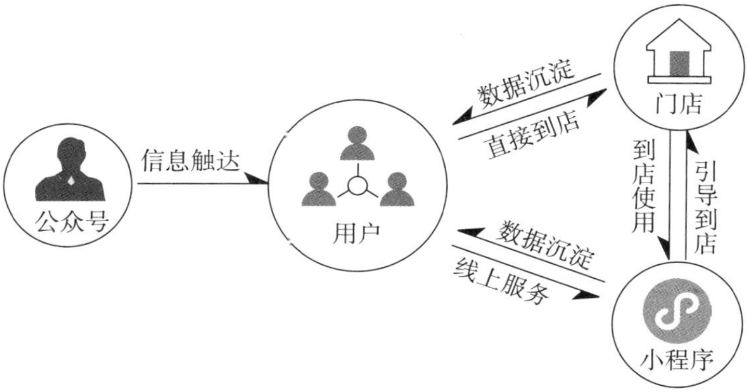

一体化联动运营

据微信公开的数据，所有尝试过小程序的商户，收银效率基本上提升了50%，也就是说，小程序为线下门店节省了50%的人力，它通过贴近场景，给一个用户更好的到店体验。

基于LBS功能与线下3公里门店打通，用户在家的时候打开微信可以发现附近的小程序，如果附近3公里有门店，可以到门店线下商城购买商品，还可以直接在线上购买，这是小程序在新零售一体化中的体现。

在导流量方面，每一个小程序可以被500个公众号关联，对于线下门店来说，过去几年在微信公众号上积累的用户资源都可以集中在小程序上。

拥有小程序只是基础，能玩转小程序才是关键。对于商家来说，可采取以下措施来推广门店的小程序。

1. 小程序关联公众号

小程序关联公众号介绍页展示、模板消息推送、自定义菜单栏入口设置、图文中插入小程序卡片、图文CPC广告、会话下发送小程序卡片、小程序落地页广告等途径来实现。

通过小程序关联公众号，可以无缝链接形成直接、高效的宣传方式，帮助小程序获取巨大流量，公众号主导线上，小程序发力线下，实现线上和线下流量融合，公众号生产内容，触达粉丝和用户，小程序做商业服务和交易变现，将两者结合起来，就能将营销在微信的生态体系内完成，形成营销闭环。

2. 线下扫码

线下扫码是小程序最基础的获取方式之一，用户通过微信扫描线下二维码，即可进入小程序。商家可以将二维码与营销活动相结合，吸引用户主动扫码，形成“码—小程序—支付”的模式，完美地链接线下的场景和线上的服务。这样做符合快速消费即用即走的特性，提升线下服务效率。

3. 社群分享

社群分享主要有聊天小程序和群小程序两种，简单来说就是小程序能够以小程序卡片的形式出现在微信聊天界面中，同时在聊天界面中也能找到聊天小程序的入口，点击后就能看见你与好友、群成员聊天里收到或发出的小程序卡片。

小程序卡片第一时间将商家优惠活动信息展现给用户，用户点击之后即可参与，实现快速获客。通过群内好友之间相互推荐，以及消费刺激，实现口碑营销，快速裂变。

利用小程序群ID的功能，开发者可以针对各个微信群的特色提供个性化的服务与内容。

4. 附近的小程序

微信小程序自带的地理位置，包括附近的小程序列表以及分类、附近小程序列表广告。商家在后台开通“附近的小程序”功能后，附近5～10公里范围内的用户都能搜索到商家设置的门店小程序，用户点击之后即可进入。

附近的小程序的功能可以帮助商户快速、低门槛地在指定地点展示小程序，以方便被周围的用户找到并使用，快速培养用户的使用习惯。“大场景+小场景”的组合，使得小程序的服务场景更加细化，激活线上线下碎片化流量，设置不同的服务类目和状态信息展示，增加小程序的曝光度，吸引用户快速消费。但需要注意的是，一个公众号只能设置一个门店小程序和10个地点，服务类目每个月可修改3次，一共可添加5个服务类目。

5. 社交立减金

社交立减金指的是用户在小程序内完成支付后，商家可向用户赠送购物“立减金”，用户必须分享给好友才能领取，而好友领取之后可直接进行新一轮消费。

用户在门店消费后，商家就能给用户推送模板消息领取立减金，实现以老带新，通过好友分享快速实现裂变，降低拉新成本。商家可根据不同用户标签属性，配置分发不同金额的立减金，如新老用户、是否会员等。同时，也可根据用户喜好推荐个性化的商品，提高转化率。

6. 消息通知（服务通知）

当用户完成支付或者提交表单时，小程序就能给用户推送服务消息，每条通知以卡片的形式呈现，包括小程序的 Logo、名称、通知时间、通知内容等信息。

用户在接收消息后，查看消息的通知就能便捷地回到小程序，进行相应的业务处理、信息查看等后续操作，一定程度上提升了用户的活跃度，并且可以引导用户进行下一步行为，增加了产品的曝光率，便于用户留存，增强用户黏性。模板消息可以直接在微信聊天框中查看，符合用户处理消息的习惯，使用户更加便捷地掌握商家服务。

7. 微信搜索

和大多数App的搜索个性一样，用户搜索小程序名称就能进入小程序界面。目前的搜索途径有：聊天顶部搜索框、【发现】栏小程序入口中的搜索框、【添加好友】的搜索框、【搜一搜】页面。

小程序在微信体系内的搜索机制是基于关键词的，商家可以根据品牌词、竞品词、产品词、人群词以及用户在小程序内的使用习惯数据，对小程序关键词进行优化，提升小程序的搜索排名，增加小程序曝光度。

据调查，小程序的排名规则如下。

（1）小程序上线时间越长，排名越靠前，占比5%。

（2）描述中完全匹配出现关键词次数越多，排名越靠前，占比10%。

（3）标题中关键词出现1次且整体标题的字数越短，排名越靠前，占比35%。

（4）小程序用户使用数量越多，排名越靠前，占比50%。

8. 小程序互跳

同一公众号关联的10个主体小程序和3个非主体小程序之间可以相互跳转。小程序跳转的形式多样，可以是图片、文字、二维码等。这样有利于商家形成小程序矩阵，为用户提供更加全面、流畅、便捷的服务，提升转化率。小程序的各个页面信息都可以作为广告进行出售，同时，不同的商家之间达成异业联盟，对于推广来说，无疑又是一个巨大的宝藏。

小程序互跳目前主要有3种状态的显示，包括聊天顶部搜索、【搜一搜】页面、【发现】栏搜索等。

9. 线上识别二维码

2017年4月微信官方正式上线小程序码，并支持长按进入小程序。与二维码相比，小程序码容错率更高、识别性更高、安全性更高，而且更具个性化。对于小程序线上推广而言，长按识别二维码的功能出现后，使小程序的想象空间急剧扩大。通过微信好友、群聊、公众号图文、朋友圈发送小程序码，正常启动小程序。特别是朋友圈的分享，开发者结合用户需求，生成带小程序码的海报，用户将海报分享在朋友圈，就可以让万能的朋友圈给小程序导流。

10. 小程序朋友圈广告

在朋友圈中的小程序广告，点击可直接进入小程序页面，用户浏览后可直接分享给好友和各种群聊。朋友圈支持投放小程序广告的功能还在灰度测试中，后续还会有进一步的开放。

小程序朋友圈广告对于线下商家来说是个利好，能够很好地将线上用户引流到线下，形成完整的消费闭环。即使没有消费场景，对于品牌传播的效果也是十分显著的。但是，这个推广渠道的费用相对来说比较高，适合为品牌商家和O2O本地商家服务。

第二节　发放优惠券，留住会员

优惠券的本质其实是一个短期刺激消费的工具，它与积分构成了日常营销的基本工具。消费者使用优惠券的目的不言而喻，就是为了省钱。同时，也为商家做了无形的广告。

优惠券转化会员

可能很多人都会这样想，要是能把来到门店的顾客无负担地变成自己的会员就好了。这在传统行业几乎很难完成的任务，美宜佳却用一个小程序简单地搞定了。2017年12月1日上线的“美宜佳优惠券”小程序，仅在2个月内，就招募了66万名会员。

优惠券的用途

在通常情况下，连锁门店的优惠模式是，有优惠券就有顾客，没有优惠券就没有顾客。

不仅如此，门店还有一个很大的弊端，即：顾客领取优惠券后，商家既无法知道顾客是谁，又无法了解到他是否曾使用过优惠券，更无法知道他喜欢什么商品。所以，每一次优惠活动结束后，很多商家都在反问自己，优惠活动真的有用吗？在美宜佳看来，小程序是优惠活动最好的“解药”，其原因如下图所示。

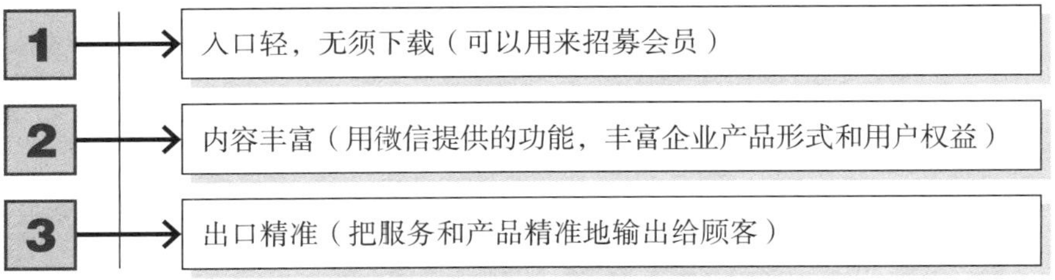

小程序是优惠活动最好的“解药”

美宜佳会员中心把优惠和会员结合在一起，用优惠触达顾客，再把顾客转化为会员。于是，2017年12月1日美宜佳上线了主打让利、优惠的“美宜佳优惠券”小程序，之后的实践证明用户主动触达、分享的意愿提高了数倍。

优惠券的领取

在领取优惠券前，小程序会向用户发送获取基本信息的请求，用户授权后，无须填写复杂信息即可自动成为美宜佳会员，也就是说，会员注册和领取优惠券是同步的。

资讯平台

小程序里所有的优惠券都有精准的数据记录，不会再出现以前优惠券去向不明的现象，核销率达到25%。在初期运营的15天里，小程序轻松拿下20万+注册会员。

权益升级留住会员

大家都知道，单凭“优惠券”是很难留住人的。因此，美宜佳决定重新设计会员权益。重新设计的会员权益主要包括下图所示的3个部分，并形成了一整套操作方案。

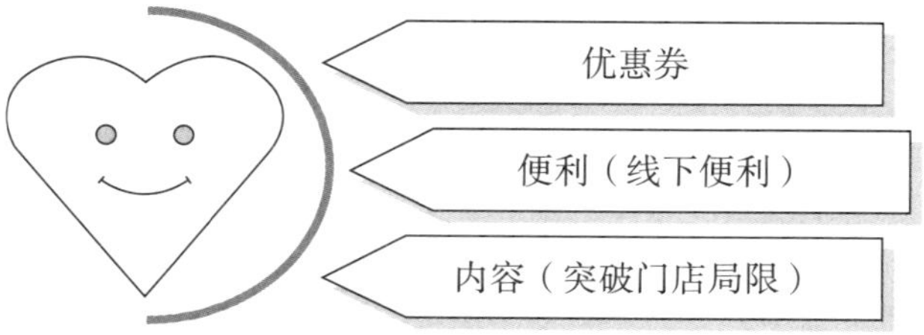

重新设计的会员权益

优惠券

针对“优惠券”，打造最强入口，实现线下、线上会员联通。

（1）附近小程序。通过附近小程序可以直接领取优惠券。

（2）收银台桌贴、海报、宣传单。凡是门店可以触达到顾客的地方，都放置明显标识，主攻线下顾客。

（3）公众号推送。定期在公众号里推广门店优惠券，把公众号粉丝变成会员。

（4）微信支付。对于没有领取优惠券的用户，则引导其在支付后进入小程序领取优惠券。

（5）卡包、模块消息。如果说以上四步都在进行“拉新”的话，那么，通过“卡包”跳转小程序的入口，则可以让会员循环领取优惠券，还能根据会员喜好，主动推送个性化优惠券，完成整个会员体系运营流转。

便利（线下便利）

针对“便利”，上线“美宜佳外卖”小程序。由于受空间限制不能满足会员的需求，美宜佳于2017年12月3日上线“外卖小程序”，打通整个美宜佳自有门店的配送能力，让会员通过外卖小程序，30分钟内快速得到外卖。

内容（突破门店局限）

针对内容，突破门店局限，用多入口、多形式向会员输出。

不管是公众号推文、小程序服务还是产品，应最大可能地突破空间局限，精准连接会员。未来，美宜佳还计划用游戏的体验设计会员从领取优惠券到核销的过程。

第三节　超值活动多，回馈会员

一直以来，美宜佳的会员福利都不少。为回馈会员，美宜佳不定期通过各种活动，如积分兑换、抽奖、爆款促销、1元抢购、买一送一、限时秒杀等，来为会员谋取福利。下面介绍几种常见的促销活动。

积分兑换

早在2013年9月，美宜佳就一改之前单一的积分优惠方式，逐步打造“积分换购、积分抽奖、会员活动、商家联盟”的会员价值体系。会员在线下可以通过购物进行积分，所得积分可以兑换代金券、优惠券用于消费。如下图所示。

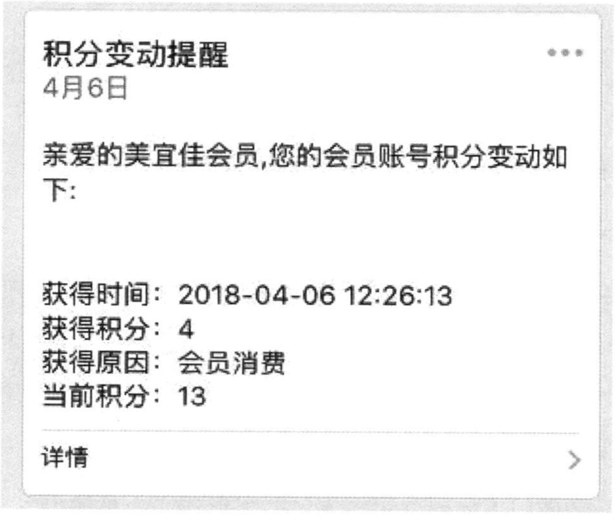

积分到账提醒

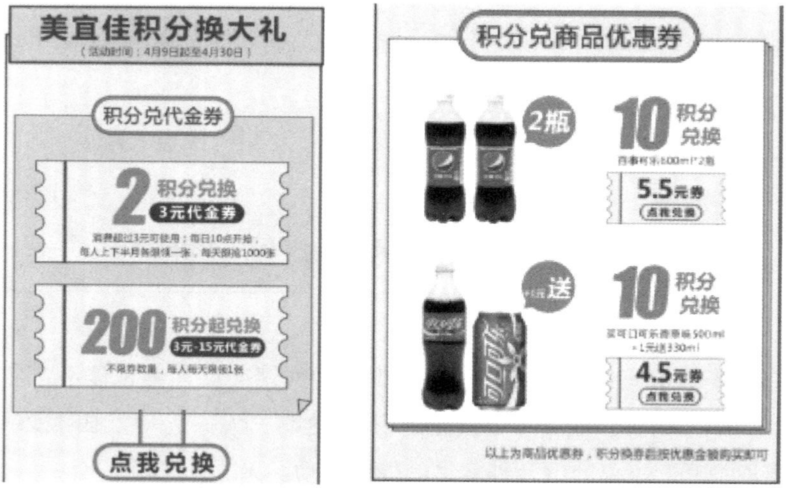

积分兑换界面截图

相关链接

美宜佳积分细则

积分对象：美宜佳会员。

获取途径：会员于广东美宜佳门店消费，使用微信支付可获得积分。

获取比例：实际支付1元=1积分（会员日翻倍），不满1元不累积积分。每周二会员日当天消费积分翻倍。

积分上限：会员每天最多累积100积分（会员日翻倍）。

商品限定：购买烟酒、蔬果生鲜、便民服务等商品不参与积分累积。

积分时限：积分当年有效，每年12月31日24时清零。

抽奖活动

美宜佳会员的福利有很多，除了常规的优惠券、积分等福利，美宜佳公众号还为会员们带来专享福利——各种抽奖活动，以此回馈新老会员。

比如，美宜佳公众号在2018年5月28日推出的“评论主题抽奖”活动，如下图所示。

“评论主题抽奖”活动界面截图

又如，美宜佳公众号在2018年4月16日推出的“玩游戏抽奖”活动，如下图所示。

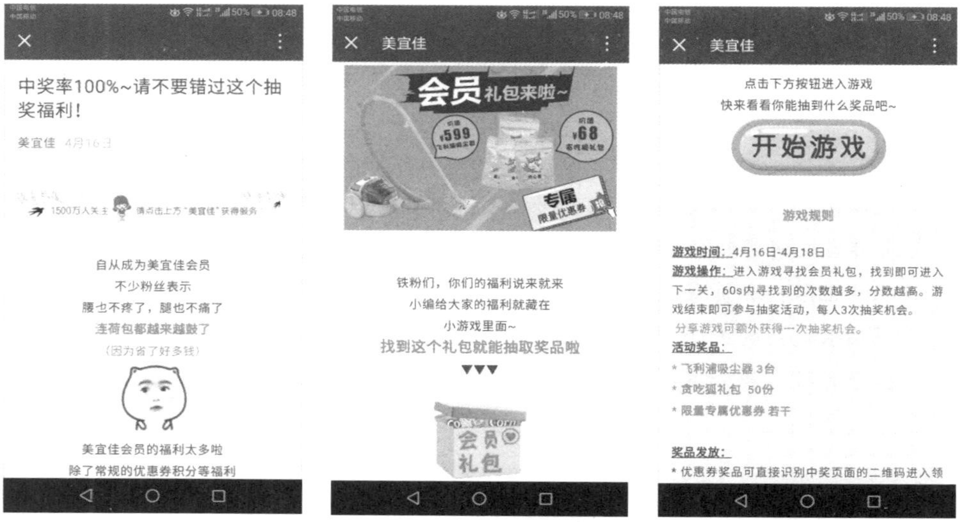

“玩游戏抽奖”活动界面截图

再如，美宜佳公众号在2018年1月8日推出的“新年留言参与抽奖”活动，如下图所示。

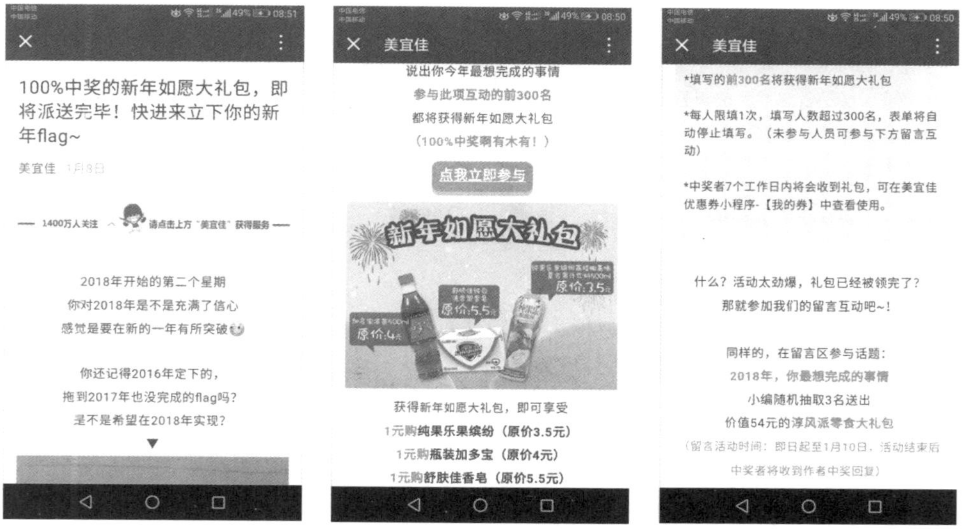

“新年留言参与抽奖”活动界面截图

爆款促销

每个月美宜佳都会在门店推出一些爆款来做促销，以此带动整个门店的销售。下图所示的是美宜佳在2018年5月推出的“爆款促销”。

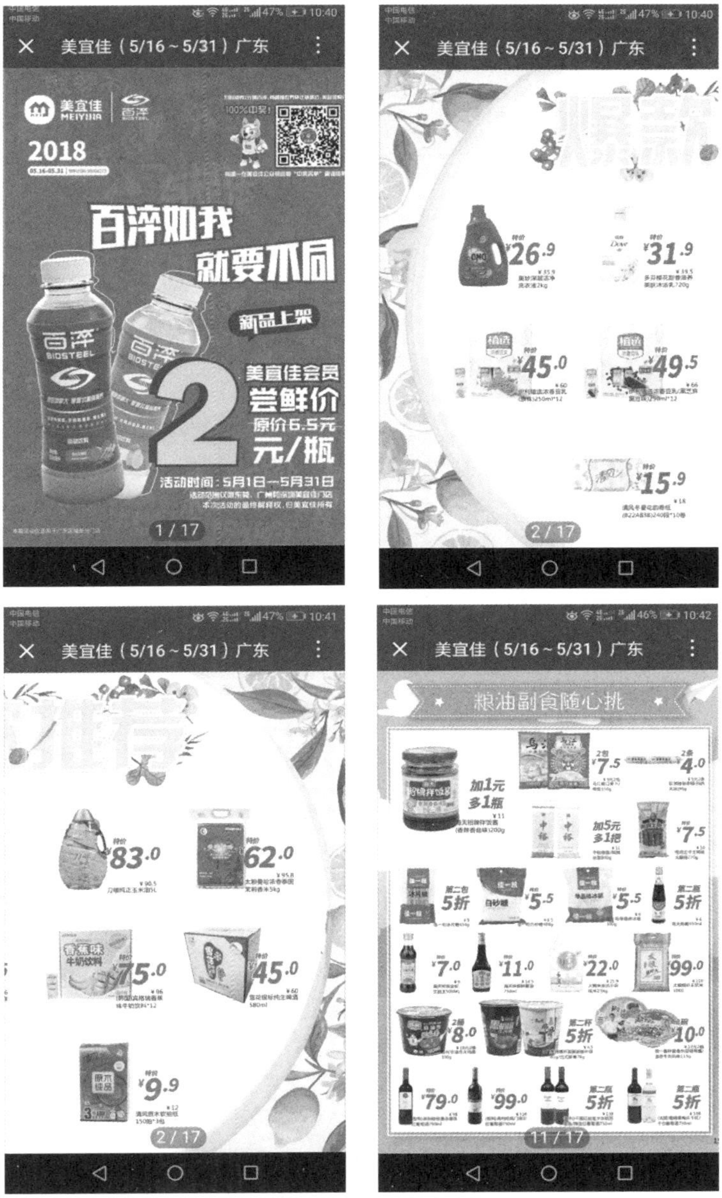

2018年5月“爆款促销”活动界面截图

第四节　利用大数据，管理会员

对于美宜佳而言，会员的意义十分重大。美宜佳在全国有18000多家门店，每天接待超过500万人次的顾客，他们在带来销量的同时，也给美宜佳带来了庞大数据，特别是会员数据，实现了精准会员营销及服务。

美宜佳的会员来源

美宜佳的会员主要来自下页图所示的3个渠道。

美宜佳会员的来源渠道

公众号

目前，美宜佳的微信公众号粉丝有1400万人次。在美宜佳公众号菜单栏里设置跳转小程序领取优惠券，领取率达到65%。

线下

以前用户注册会员需要下载App或手工填写信息，现在只需要随手一扫，点击获权即可，整个过程只要1～2秒。

小程序

小程序里有会员每一次领券、购物的详细数据，会员一旦完成微信支付，小程序在7天内就能向用户推送3次精准的优惠券。这样，美宜佳会员每周的消费频次就会增加到5次。

资讯平台

数据显示，美宜佳2017年12月的优惠核销金额超过2017年1—6月半年的总金额，零售明显得到提升，酒类产品提升了10倍。

会员体系数字化

庞大的会员可以为零售商带来竞争壁垒和差异化，同时也是企业品牌和忠诚度的重要体现，而在这个过程中，与会员的交互又在很大程度上决定前台的商品、营销等具体运营。一个不争的事实是，消费者既在线上购物，也同样会在实体店消费。消费需求的多元化、消费者购物渠道的多样化、消费时间的分散化，使得同一顾客的消费行为将在多个平台或渠道留存。而在这个过程中，如何实现多渠道会员的统一管理，对于很多零售企业，特别是实体零售商而言是首要问题。

作为中国最好的便利店企业之一，美宜佳早于实体零售同行一步，开始在会员的数字化上下功夫。

美宜佳面临的难题

对于美宜佳而言，“便利”二字是永恒不变的主题。如何通过与顾客建立新的数字化接触渠道，基于消费场景不断地分析、定位顾客，与顾客形成紧密的联系与互动，并最终交付产品和服务，显得尤为重要。

美宜佳通过分析2014—2017年来客数变化和客单价变化发现，便利店的来客数在持续上涨，但顾客消费的商品数量却在平缓下降。这意味着，有更多的人来便利店，但顾客的每一次购物都很轻便，不希望带走很多东西。对此，如何保持客流稳步增长，如何在小空间里提供更多服务，正是美宜佳当下以及未来要思考解决的。

会员系统数据化

为此，美宜佳牵手闪电购，通过一整套系统来打通快消品零售中的整个产业链条，解决了500家门店的移动端全渠道流量接入、店铺和商品管理、即时配送等问题，实现了整体架构的数据化，特别是会员系统的数据化，同时也为美宜佳带来了更多的销量和服务体验。

据了解，这套系统简称“五一工程”，即通过一整套系统来对接线上线下所有的流量渠道，所有订单统一管理、发货、营销，以及库存管理。一个用户ID映射到所有渠道，每一个渠道的用户都会回到用户会员中心。进到会员中心之后，一张电子会员卡要打通线上线下所有的会员圈。

精准化的推送

会员体系打通后，美宜佳顾客画像和需求规律的总结也变得更加精准。

美宜佳在闪电购的协助下，开发了外卖小程序，构建了自己的外卖入口。每一家门店可以通过这个小程序，与熟客、周边社区客户做更直接的、成功率更高的推荐。

差异化的推送

相比进店顾客，线上订单客单价要比线下高得多，同时，不同于线下顾客购买水饮鲜食较多，线上订单中应急用品、日用品等商品的占比要高得多，为此系统会针对线上线下推出不同的推送和提醒。

资讯平台

据了解，借助数字化运营，目前美宜佳便利店线上用户数量已超过1500万，深度会员数量超过300万，会员活跃度超过70%。

共享数据搭建大平台

内外部系统的全链路打通并不代表着万事大吉。显然，在数据争夺战中，这只是个开始。

外卖平台、社交入口、门店等渠道中的巨大流量给美宜佳带来了大量数据，同时，美宜佳特有的经营模式，也决定了在其经营中，自营店、加盟店、供应商、合作商、顾客等多角色参与的复杂性。

这时候，数据分析与共享的意义就体现出来了。因为顾客所有的购买路径和需求表现都被记录了下来，因此通过对数据的分析应用，进行有差别、有针对性的精准推送，对于越来越追求个性化的顾客来说意义巨大。

建立全面连接会员战略

美宜佳的想法是，以顾客价值为核心，打破企业独立创造价值思维，建立全面连接会员战略，最终上升到更有意义的连接，打造社区生活平台，即综合性的平台，一是与顾客连接，二是与顾客互动，让门店和供应商都能参与进来，共同服务顾客。

据悉，美宜佳将基于会员体系，以小程序为机遇，开放含商品、服务、娱乐、咨询、物流等的综合性服务平台，为会员提供更丰富的服务。

比如，一个用户最近有两份订单，一份是线上的饮料订单，另一份是门店的米面订单，可能还有收发快递、缴水电费的记录。如果该用户绑定了会员卡，那么他再次下订单时，会先进入到会员中心，此时后台会通过分析他过去的消费记录的基础数据，精准地调动合作伙伴的资源，将对应的优惠券和提醒智能匹配到会员。

这样，不仅有利于会员全生命周期的关系维护，对于合作伙伴而言，这种共享还更加有利于有针对性的定点营销。

完善基础数据的搜集

然而，数据驱动经营是一个漫长的过程，首先要积累基础核心数据，然后才能转到数据驱动的结构里去。

比如，美宜佳发现外卖顾客的订单数量下午6时左右就直线上升，男性顾客的订单数量到了晚上9时以后就明显增多，而此时女性顾客的订单数量仅为男性顾客的一半，此外，女性顾客还会购买比较多的护理类产品。

那么，通过这些基础数据分析，美宜佳开发了针对男性顾客的深夜专场、针对女性顾客的护理类专场等营销活动。这样的推送和促销，本质上都是由大量基础数据推导出的需求推动的。

相关链接 》》

大数据如何赋能新零售

1. 数据的价值

互联网的本质在于用户经营、流量经营，而数据在这其中是最基础的一环。

首先，数据的价值在于可以驱动业务增长。实际上，不仅仅在零售行业，在每一个行业中，数据对于驱动业务本身都会起到至关重要的作用。

以盒马鲜生的第一家店金桥店为例，目前其线上部分的销售额已经超过全店销售额的50%，这样的营收模型对于传统零售商来讲是可遇不可求的。实际上，这个结果并非一蹴而就。

其次，深入进行数据管理与挖掘可以更好地服务顾客。这里面包含了两个维度，一是服务于企业内部，实现数字化管理；二是在顾客层面，可以提供个性化、多元化的服务。

在传统零售行业，企业内部管理的效率非常低，总部统一下达的任务往往要通过招集各个分店店长统一参会来传达。数字化的好处在于，极大提高了信息同步的即时性。

而在顾客层面，掌握更多的消费行为数据以后，平台方可以借助这些开展商品的个性化推荐以及精准营销。

最后，数据本身或者基于数据分析得到的结论是有价值的。我们可以看到，越来越多的企业以数据的标签来标榜自己。比如滴滴出行、摩拜等出行类工具，虽未上市，但估值都在数十亿、上百亿美元。如果单纯从其本身的业务类型来看，虽然可以实现盈利，但不足以支撑如此高的估值。

实际上，更多的投资者看重的，是其出行数据背后附着的商业价值。以零售行业为例，利用这些出行数据，可以做出更好的选址决策，基于人群的年龄、职业、喜好等进行画像分析，也可以帮助零售商在商品层面以及运营层面做出更好的策略。

2. 由经验思维到数字化思维

对于新零售业态，最核心的一个特征就是打通了线下和线上，这样带来的直接结果就是，新零售业态可以采集到更多的数据。

传统零售商对数据一直不够重视，一位在传统零售领域从业多年的高管曾这样表达：

“这些数据看上去并没有什么用处，特别是对北上广一线城市而言，店面覆盖的3公里范围，人员流动性比较大，另外，有些人的消费习惯你很难去改变。”

实际上，这也是大部分传统零售商的思维，我们可以把它看作经验思维。但对于新零售业态，在数字化经营思路下，这些数据并非如想象中那么无迹可寻。

在传统零售店面，商品完全依赖供应链以及价格体系，促销活动做了很多，究竟是谁买的单却很难弄清楚。店面的消费动线设计也是完全以货品为中心，顾客在厨具摊位买完咖啡壶，还要跑到食品区去购买咖啡。此外，诸如天气等社会公共因素，对到店客流量的影响也十分显著，传统零售商仅仅通过销售数据是很难捕捉到这其中的顾客行为变化的，知其然并不知其所以然。

换作新零售，基于消费者为中心的业态，可以借助门店的Wi-Fi探针和蓝牙感知技术，自动识别手机或者其他联网设备以获得数据，这样就可以在不惊扰顾客的情况下，调取其资讯并快速提醒前台导购或服务人员。

顾客在哪些货架前停留了多久、经历怎样的动线，这些数据对于店面的反向管理都起到至关重要的作用，直接影响了店面的仓储管理、硬件设备的位置等。

3. 下一站，人工智能

在2000年以前，互联网发展初期的数据，是以结构化文本为主的粗颗粒度数据，以天为单位响应时间，数据结构也十分单一。

进入2000年以后，互联网、Web飞速发展，真正意义上的结构型数据开始出现，特别是随着社交媒体发展，多元化的数据包括文本、音频、视频以及小颗粒度的数据呈现爆发式增长。

在2008年以后，移动互联网时代又将数据推向更高的维度，传感器、GPS等便携设备出现，数据开始以秒为响应单位，数据量达到PB级别，这也催生了大数据生态圈Hadoop这种分布式处理的软件框架。

而随着更多的实体零售走向互联网产业升级，数据的体量将更加庞大，颗粒度也将更细小，更先进的算法逻辑、更强大的处理能力成为行业所需。

2016年亚马逊推出Amazon Go，利用机器视觉智能识别技术，让无人便利店成为大家津津乐道的话题。虽然这样的方案将导致系统的计算量大幅飙升，对GPU提出了巨大的挑战，但至少目前看来，在数据方面，零售的终极必将走向人工智能、机器学习这条路。

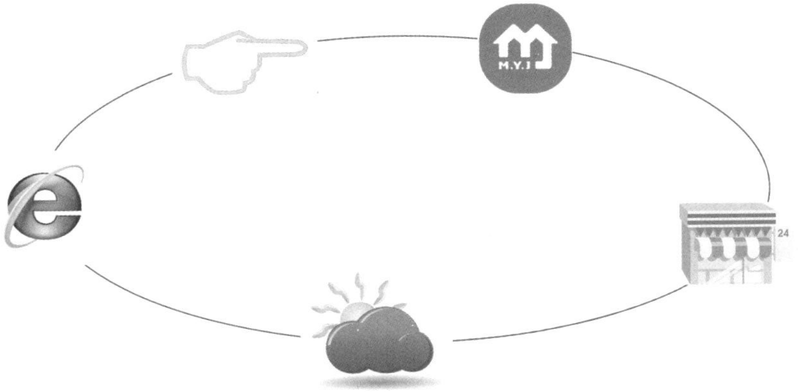

第六章
美宜佳，运营管理现代化

导言：

作为国内便利店行业的先行者之一，22年来，美宜佳以特许加盟的发展模式，与投资者真诚合作，为加盟门店悉心服务；以社区便利生活的市场定位，为顾客因地制宜地构建由日常快消品、多样化购物方式、充值缴费、代收代寄等项目组成的便利生活驿站；以做精、做深、做宽便利店的经营策略，立足广东，拓展全国。

第一节　物流配送的完善

良好的物流配送体系是连锁便利店经营成功的重要条件，它关系到企业能否获得高额的效益。对于美宜佳来说，扩张速度越快，其商品的需求也越大，要满足这些需求就要通过配送来完成。配送是以顾客为出发点的一种市场经济形式，具有资源配置的作用，是配和送的有机结合，而连锁经营的利润重点恰好在物流环节，可见，良好的配送体系是支持美宜佳迅速发展的重要保障。

先进的物流配送体系

除了独特的经营思路以及科学的管理体系之外，物流配送体系对于连锁便利店的经营至关重要。

制定配送策略

美宜佳从下图所示的4个方面综合考虑如何统筹整个配送作业并制定相应的策略。

策略一　优化配送

门店多、分布分散、路线长等都是物流配送的特点，美宜佳通过对配送线路进行优化、多种商品合流配送等措施降低成本

策略二　信息配送

由于商品种类繁多，且大多是拆零作业，因此增加了配送的难度。对此，美宜佳提出的解决方法是物流中心采取在信息系统支持下的流水线作业的方式

策略三 信任配送

一辆物流车上通常会装几个门店的商品。如果在每一家门店都耽误几分钟，一天下来浪费的时间就不少。美宜佳采取的策略是在门口放下货就走人。这就需要配送车辆和门店建立互相信任的关系，并有一套服务质量监控体系进行支持

策略四 错峰配送

城市里常常会出现交通管制，因此，美宜佳选择错峰配送，随机应变

制定的配送策略

优化物流系统

美宜佳早就认识到，如果没有准确、高效的物流配送体系的支持，就难以形成一个真正意义上的特许连锁加盟体系。最初美宜佳自己负责门店物流，后于2002年开始将物流交给了战略合作伙伴——广东时捷物流有限公司（以下简称“时捷物流”）。

时捷配送中心

创立于2002年的时捷物流也是东莞市糖酒集团有限公司的控股公司之一，其始终以最佳状态配合美宜佳的发展，并随着美宜佳的成长走在持续优化物流系统的道路上。便利店配送商品大多需要拆零拣选作业，随着美宜佳门店数量的不断增加，时捷物流的业务量大幅上升，员工的工作时间长、劳动强度大、作业效率低的问题日益凸显。

为改变这一现状，2006年，时捷物流在东莞市糖烟酒公司原有仓库的基础上，规划建设新的物流中心。

新的物流中心占地3万多平方米，由收发货区、货架存储区、拆零拣选区和贵重商品存放区组成，采用电子标签拣选流水线。

该项目给时捷物流带来的最大收益是，实现了在信息系统支持下的流水线作业方式，优化了拆零与整件拣选作业，在提高拣选效率的同时降低了差错率，提升了配送到门店的货品准确性，使物流中心与门店建立了货物快速交接制度，加快了司机送货速度。此后，时捷物流一直致力于仓库作业流程优化，不断提高物流运作效率。

资讯平台

除了服务于美宜佳之外，时捷物流也在积极开拓新业务，自2010年以来，承担了10多个批发货主的配送业务，公司进入发展快车道。

建设自动化物流中心

2012年，时捷物流每天都有几百辆货车为美宜佳的数千家门店配送商品。由于现有的物流能力越来越难以满足美宜佳日益增长的业务发展需求，建设新的物流中心被提上日程。为了进一步提升物流中心的作业效率，同时考虑到人工成本不断上涨，时捷物流决定采用更多的自动化设备。经过考察和比较，最终选择瑞仕格（Swisslog）为该项目的集成商，富勒（FLUX）为仓储管理系统（WMS）和运输管理系统（TMS）的供应商。

新物流中心位于东莞市以东18公里的茶山镇，总占地面积为65894平方米、总建筑面积为90000平方米，其中仓库面积为76800平方米。按照规划，该物流中心拟分两期建设，建成后不仅能够支持美宜佳便利店的配送业务，还可以为其他客户企业提供物流服务。

茶山物流中心

瑞仕格负责茶山物流中心一期物流系统的设计与实施。该项目占地面积为33000平方米，投资额超过4亿元，经过两年多的规划建设，于2016年10月投入试运行。作为国内零售行业信息化程度和运作效率最高的大型物流中心之一，茶山物流中心配备了先进的自动化物流设备，主要如下图所示。

1 → 自动立体仓库ASRS，含堆垛机16台，共20000多个托盘货位。其中，AA/A类商品自动仓库12台堆垛机，B/C类商品自动仓库4台堆垛机

2 → 拆零拣选流水线共8条，每条线有28组流利式货架，每组货架4层，每层6个拣选位

3 → 托盘输送机系统，包含2台双工位穿梭车

4 → 箱式输送机系统，长3000米

5 滑块式分拣系统，双侧共70个分拣格口，流量8500箱/小时

6 仓库控制系统及设备控制系统

7 仓储管理系统

8 运输管理系统

茶山物流中心配备的自动化物流设备

这些自动化设备以及电子标签拣选流水线，在FLUX WMS智能引擎的统一指挥下，高效协同工作，实现了对门店配货、门店退换货和周转箱循环使用的全面管控。物流中心目前已经达到日均20多万箱的发货能力，未来将提高到每天30多万箱的发货能力。完成分拣的货物，在FLUX TMS系统的统一调度下，实现车辆管理、路线规划、装车配载、在途跟踪、门店签收和回单管理等运输配送全流程的管控。

据悉，茶山物流中心现有品规6000多个，按照最高日配送6000家门店的设计流量，其中，AA/A类商品存储库堆垛机的总入库流量为370托/小时，总出库流量为217托/小时，空托盘出库量为23托/小时；B/C类商品拣选库堆垛机的总入库流量为97托/小时，总出库流量为76托/小时，空托盘出库量为9托/小时。作业能力的大幅提高使时捷物流可以更好地为美宜佳提供配送服务。

高效的物流作业流程

茶山物流中心是时捷物流第二次全面升级物流系统的产物，引入了多种先进设备与系统，实现了高效率的收发货、存储、拣选、分拣和补货流程。

整件商品存储

茶山物流中心应用ASRS对整件商品的存储和拣选进行处理。ASRS共有16个巷道、20000多个托盘存储位，管理着近千种商品。

在整件商品的存储上，组合应用了ABC分类、收货区就近、重货在下轻货

在上、同批号库存巷道均衡分布和堆垛机作业负载均衡等算法规则，做到ASRS在存储空间利用率和作业效率上最合理地使用。

整件商品拣选

由于每天要完成5000～6000家门店的配货作业，因此时捷物流会结合运输调度计划、分拣口箱量均衡、波次平衡、新店铺货等因素，进行门店订单的切分。

（1）A类整件商品库前拣选。按照每个波次内不同门店对某类商品的需求量进行提总，对于满整托盘的拣选任务采用库前拣选的作业方法，达到每小时10000箱的作业能力。同时，由于不涉及尾盘货物回库，堆垛机的有效利用率得到提升。

A类整件商品库前拣选

对于单门店需求量满整托盘的，直接通过单独的出口送到集货区，不再应用分拣机进行分拣。库前拣选采用扫描托盘打印整箱拣货标签的作业方法。在拣选工位的任务调度上充分考虑拣选工位的作业均衡和存储区的就近原则，避免无效的等待时间，使规划的拣选效率得以实现。

（2）A类整件商品尾盘侧向拣选。对于每个波次内门店提总量不满整托盘的订单需求，在尾盘拣选区进行拣货。每个A类商品有唯一的拣选位，达到每小时3600箱的作业能力。

A类整件商品尾盘侧向拣选

尾盘拣选采用分区批量打印拣货标签、电子标签拣货确认的作业方法。WMS以作业路径最短作为拣货任务调度的准则。作业人员先将标签贴在箱子上，然后将箱子搬运到出库托盘上。

WMS对拣选位的库存情况进行实时监控，及时触发补货任务的产生，从立体仓库区向拣选区进行整托盘补货。值得一提的是，2台穿梭车的应用使补货速度得到有效提升。

（3）B/C类商品整件拣选。B/C类商品由于拣选频度相对偏低、涉及的品种数较多，因此采取在立体仓库内设立拣选平台进行拣选的方式。每个B/C类商品设立唯一的拣选位，达到每小时3000箱的作业能力。

B/C类商品整件拣选

通过以上3个区域的合理规划及WMS的优化调度算法，使得整件拣选达到近17000箱/小时的作业能力。

整件商品分拣

由于整件商品要达到近17000箱/小时的分拣要求，因此时捷物流中心采用两条高速滑块式分拣线进行分拣作业。为了保证波次作业切换（清线）时间最短，WMS在分拣口分配上以任务均衡为基本原则。

整件商品高速分拣线

整件商品集货

分拣口出线的箱子标签上清晰地表明了每个箱子对应的门店和分货库位（01～10），分拣口作业人员按照标签的指示将箱子分拨到各个分货位的笼车里。每个分拣口的显示屏上动态显示分拣的进度，根据箱子数量计算每家门店所需的笼车数，并了解分拣口的分拣和播种作业是否已经完成。

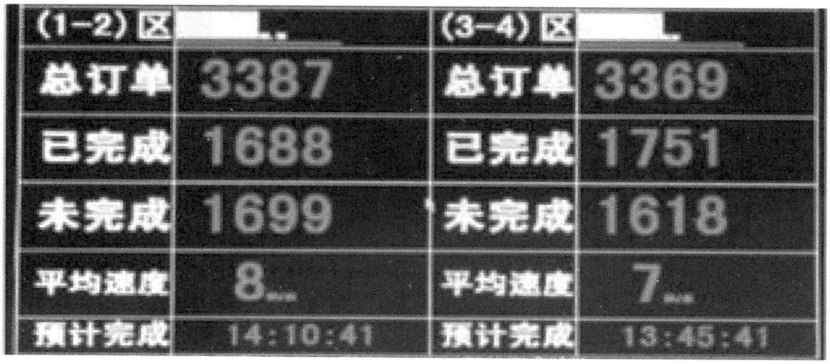

分拣口作业指示牌

茶山物流中心规划了30000多个集货位，按照运输调度的计划对集货位进行循环使用。通过WMS的计算，整件拣选标签上同时明确标示了集货的集货位。在播种完成的分拣口，作业人员按照标签指示完成笼车的集货。

出库分拣线

此外，茶山物流中心的拆零拣货区也不断改进。其采用流利式货架、一对一电子标签拣选流水线，以保证拣货效率和准确率，并减少作业人员。物流中心每天需要完成高达几十万次的拆零拣选，为提高作业效率花了很多心思，如将高中低频出库品规搭配好放在一个货架上，以便更好地匹配每个人的作业效率，使整条流水线效率最高。目前，时捷物流可以做到大约7秒完成一家门店全部订单商品的拆零拣选作业。

自动补货与自动配货

美宜佳在前几年的发展中，由于一直没有一套合适的信息管理系统，在统一商品经营和统一采购配送等环节上一直很薄弱，导致总部的统一管理力度不够，加盟松散，加盟发展的速度也受到限制。这些问题主要体现在以下两个方面。

（1）门店补货失误率高。补货是门店日常营运的主要工作，以前的方式是店长每天巡视商品在货架和内仓的库存，根据自己的经验决定要货的品种和数量，然后以电话或传真的方式通知总部。因商品品种较多，且店长精力有限，凭店长的直观判断经常会漏掉一些应该要的货而导致缺货，有些货又要多了，补货失误概率很高。因此，美宜佳多年积累的品牌优势没能得到充分发挥。

（2）总部采购员只能根据经验采购补货，往往造成某些商品多订了压库，某些商品缺货了不能满足门店要货。

针对上述问题，现在在信息管理系统的支持下，美宜佳对已有商品的补货可通过系统中的自动补货功能方便地完成。

自动补货

自动补货的方法有多种，目前使用的主要是上下限法。即根据运行一段时间积累的销售数据和经验，在系统中设置总仓中每种商品的最高库存数和最低库存数。门店每天补货时，系统会自动扫描搜索所有商品的账面库存数，将当前库存数低于最低库存数的商品显示出来，并按一定数量补到最高库存数，形成一张建议补货单，可进行手工调整，确定后再发给供应商。如此，采购员只需将事先确定的参数设在系统中，日常补货工作只需文员简单操作就可以完成，采购员得以将大部分精力放到新商品的引进和老商品的淘汰以及销售数据的分析上，从而优化商品结构和提高总体销售额。

自动配货

美宜佳实现了对门店的自动配货，根据每家门店预先设置好的最高库存数、最低库存数，形成配货单与货随车送到各门店。进入系统后，统配商品库存整体下降了，库存周转天数也随之下降。

自主创新的冷链日配平台

冷鲜品，尤其是新鲜面包，是实现门店差异化经营的重要途径之一。优质的冷鲜品配送，不但能提高顾客满意度，还能有效带动其他商品的销售。

前期冷鲜品配送存在的问题及解决方案

过去，美宜佳的冷鲜品配送主要存在以下问题。

问题一	各门店经营水平参差不齐，导致很多门店冷鲜品库存不是很准确，而系统也没有比较合理的方法为其做自动配货
问题二	门店一般采用轮班制，常常出现店员忘记报货的情况
问题三	面包采用的是业务人员手工派货，冷藏商品仍采用门店自行报货，没有科学的数据依据，配送数量往往不是很准确
问题四	由于担心门店随便报货，总部无法直接承担冷鲜品的退货问题

前期美宜佳冷鲜品配送存在的问题

针对上述问题，美宜佳实施了冷鲜品日配项目，依托先进的信息处理技术及东莞华雪食品有限公司的物流配送能力和专业化分工的优势，实现冷鲜品的一日一配，保证门店销售商品的鲜度和货量，从而为顾客提供最新鲜、最优质的商品。在该项目中，美宜佳总部实现了数据的实时接收，确保做出更快、更准确的决策，而门店也可以进行实时盘点，保证库存准确。

开发冷鲜品智能配送平台

项目组还专门开发了冷鲜品智能配送平台，该平台具有多项先进功能，能有效解决配货量控制难的问题，使配送体系成为销量扩大的有力保障之一。这个配送平台的主要特点如下图所示。

特点一	容错性强，在门店库存不准确时，系统可根据商品生产日期、配送时间、保质期、销售等数据，来推算门店的库存以及所需要配送的数量
特点二	智能水平高，数据分析考虑的因素多，可为门店实现一对一服务，例如某个门店的冷鲜品在周末销量好，那么系统就会在周末自动增加配送数量
特点三	可以兼顾个性化服务，如有个别门店在出现临时的团购单时，也可由门店自行做团购单给予补充
特点四	门店零操作，配送高效率，所有的配送由总部统一计算，门店不需要做任何操作就可以实现科学合理的配货

冷鲜品智能配送平台的主要特点

该项目于2011年3月15日正式启动，先后实现了深圳、东莞区域多家门店冷鲜品的每日配送。

第二节　特色人才的培养

人力资源是企业能够持久竞争的重要基础，有效地管理人力资本，是决定企业绩效的最终因素。企业能够健康、长远地发展，是离不开人才的。优质的人才可以给企业带来新的生命力，使企业蒸蒸日上，蓬勃发展。

从招聘源头选拔人才

门店不断增加，规模不断扩大，公司也不断需要新的人员来做补充。为了保证公司能及时补充新鲜血液，就得从源头上选拔优秀人才，人员招聘工作就显得尤为重要。

对于人员的招聘，美宜佳主要采用外部招聘和内部选拔2种方式。

外部招聘

外部招聘主要采取下图所示的4种方式。

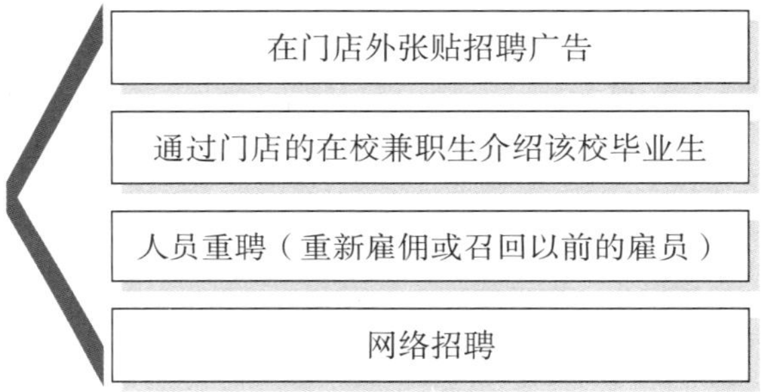

外部招聘的方式

内部选拔

内部选拔主要采取下图所示的3种方式。

内部选拔的方式

以上两种招聘方式的优缺点如下页表所示。

外部招聘与内部选拔优缺点比较

招聘方式	优　　点	缺　　点
外部招聘	（1）来源广，可选择机会多； （2）带来新思想和新方法； （3）可以平息或缓和内部竞争之间的矛盾； （4）可以选择现成的人才，节省培训费	（1）进入角色慢； （2）了解少； （3）可能影响内部员工的积极性
内部选拔	（1）了解全面，准确性高； （2）可鼓舞士气，激励员工； （3）可更快适应工作，使组织培训得到回报； （4）选择费用低	（1）来源受到一定的局限，且水平有一定的限制； （2）可能造成内部矛盾

相关链接》》

美宜佳2018年全国校园招聘正式启动

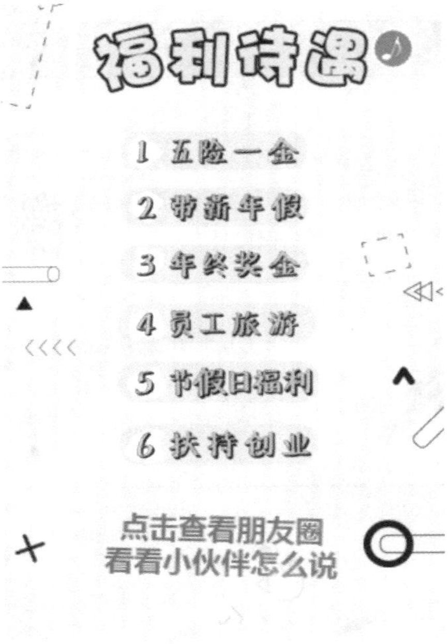
福利待遇
1 五险一金
2 带薪年假
3 年终奖金
4 员工旅游
5 节假日福利
6 扶持创业
点击查看朋友圈
看看小伙伴怎么说

营运管理培训生
指导员/拓展员
营运/拓展主管
营运/拓展经理
事业部经理
大区总监
美宜佳
职业发展

院校行程（10-12月）
—宣讲会—
肇庆学院
10月12日15:00
行政楼一楼毕业生
招聘厅
重庆科技学院
10月18日 14:30
厚德楼G118招聘厅
江西农业大学
10月23日 9：00
大学生活动中心
202多媒体教室
江西财经大学
10月31日 10:30
蛟桥园南区大学生活
动中心103室
广东嘉应学院
11月23日 14:30
黄桂清学生活动中
心510
仲恺农业
工程学院
11月2日 14:30
白云校区杨钊杨勋
楼303
更多学校线路和具体的宣讲时间
请留意美宜佳招聘公众号（微信号meiyijiazp）

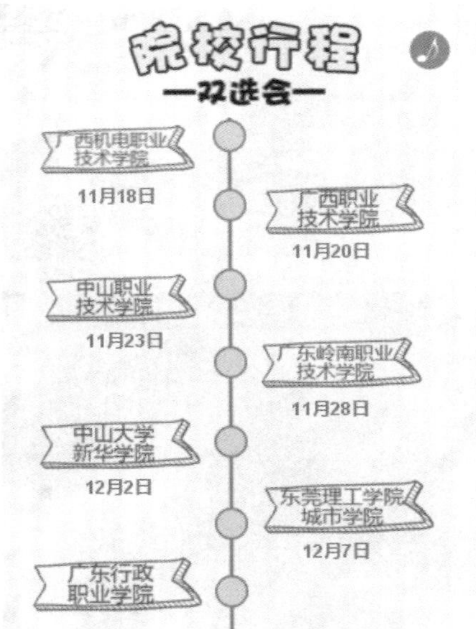
院校行程
—双选会—
广西机电职业
技术学院
11月18日
广西职业
技术学院
11月20日
中山职业
技术学院
11月23日
广东岭南职业
技术学院
11月28日
中山大学
新华学院
12月2日
东莞理工学院
城市学院
12月7日
广东行政
职业学院
12月9日

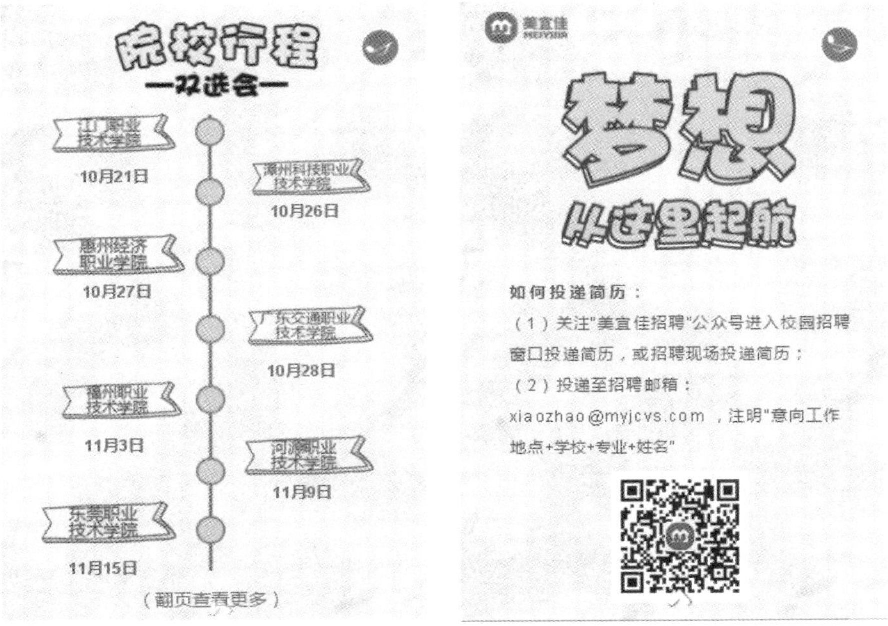

美宜佳全国校园招聘程序截图

内部培训储备人才

为了打造特色人才，美宜佳公司定期为员工进行业务、技能、管理等培训活动。通过培训，可提高员工的职业技能及综合能力，在为提升门店的服务质量和经营能力提供保障的同时，也让员工感到公司对他们的重视。

职业发展培训

2015年4月30日，公司人力资源部筹备多时的“职业发展通道与任职资格管理”内训课程在总部5楼会议室举行，参加此次培训的人员有总经理办公室相关领导、各部门负责人、主管及小组骨干。

通过此次培训，公司管理人员就任职资格管理有了更深层次的理解和认识，同时，也为接下来由人力资源部牵头推行的各部门各职位序列人才梯队搭建和任职资格设置打下了良好的知识铺垫与理念宣导。

素质能力培训

2015年5月19日，美宜佳邀请国内外多名人力资源管理专家协助公司开展“美宜佳核心能力素质模型建置”项目。该项目主要是通过对公司优秀员工进行取样访谈，挖掘美宜佳各岗位员工应该具备的核心素质能力，通过科学系统的课程培训，提高所有美宜佳人的核心素养，为公司后续的人才储备打下坚实的基础。

服务标准培训

为了提高门店的服务意识与服务质量，将员工服务标准深入到基层并落实到一线门店，规范门店员工服务标准，2015年8月25日，“员工服务标准与执行”课程于美宜佳总部1楼培训室正式开班。

由于门店的服务特性，需要店员在忙时或闲时、不同的天气以及特殊的节日，均要做到眼观四路、耳听八方，及时服务好不同类型的顾客，因此本次培训特意增加了角色扮演环节。在这个过程中，学员选择了多种角色：普通的白领一族、过路的行人、等待谈判的商人等。通过寓教于乐，学员切身体会到了顾客的真实感受，这对接下来提升服务质量将起到很好的作用。

培训结束后，课程得到了店长们的一致肯定。会后，他们更向美宜佳商学院申请了培训资料，希望自行给门店员工进行培训，通过良好的员工服务来提升门店的营业额，提升门店的服务品牌。

本次培训共有36名学员参加，80分为及格，共有32名学员及格，及格率达89%，平均分为87分。

储备部长培训

美宜佳正处于加速发展期，随着公司走出广东、不断“开疆拓土”，在数量、质量、时间上对人才的需求愈发迫切，急需向公司基层管理层注入新鲜血液。为此，美宜佳在2018年筹备了第一期储备部长训练营。

储备部长训练营的推出，有利于提高学员的综合能力，为公司产出一批优质管理人才，极大缓解公司对管理人才的刚需。通过培训，储备部长能够取得技能上的进步，完成从课长到部长的华丽转身。

学徒制式培育人才

人才培育已经成为美宜佳近年来关注的重点之一。为了让门店店长具备更加专业的技能，提升美宜佳的人才竞争力，美宜佳商学院引入了一种全新的人才培养模式——英国现代学徒制。

学徒制的起源和发展

学徒制就是由师傅传授知识、经验给学徒，让学徒学到相应的能力以胜任工作角色。学徒制起源于1563年的英国，德国、法国、美国、澳大利亚的学徒制都是由英国学徒制延伸出来的。

1993年11月英国现代学徒制宣布实施，1994年10月开始在14个行业试点，经过4年的时间，发展至83个行业。2007年英国成立教育标准办公室，监测现代学徒制在企业的执行情况，将现代学徒制纳入《产业培训法》，建立《学徒制草案》，并成立多个委员会促进现代学徒制发展。

现代学徒制其实就是一种新型的人才培养模式。学徒在企业工作实践中，按照企业岗位单元标准，学习总结经验。在这种培养模式中，由企业导师负责教授、解惑，学徒运用11种方法进行收集证据自证，以符合企业岗位标准，评估师进行评估和拔高学员综合能力素质，做到学徒有证据可查，是一种教授和评估分离的先进的人才培养模式。

现代学徒制在美宜佳

随着美宜佳的高速发展，公司不断开拓省外市场，每年新开的门店数以千计，公司对人才的需求越来越迫切，对质量的要求越来越高，传统的人才培养方式已经无法满足对人才的需求和对质量的要求，经过调研，公司决定引进英国现代学徒制的人才培养方式。

相关链接》》

美宜佳学徒制项目发展进程

（1）2016年1月18日，第一次中英现代学徒制项目在美宜佳进行宣讲及培训。来自省内大区的各部门领导和美宜佳商学院一起研究、翻译和讨论英国零售业三级单元标准，为项目的顺利开展奠定了理论基础。

（2）2016年3月1日，美宜佳正式启动中英现代学徒制项目。这标志着人才培养新模式的正式起航，为企业发展奠定了人才基础，得到了公司管理层的高度认可。

（3）2016年4—7月，以英国的零售业国家标准为基础，完成了第一批学徒的培养，共培养出23名职业店长和18名优秀评估师，同时也开始了对项目的优化和升级。

（4）2016年7—12月，制定并完善职业店长、开业指导、指导员、加盟投资顾问、加盟服务课长等系列岗位单元标准和学习计划，并开发出相对应的培训书籍和在线培训课程。

（5）2016年8月至2017年2月，以美宜佳岗位的企业标准为指导，共培养职业店长120人。经过一年的试点和优化，2017年2月，商学院在美宜佳广东省内五大区和省外的湖南、福建开展了7场评估师培训，正式将现代学徒制的人才培养模式推广至美宜佳的各个角落。

（6）2017年3月，中英现代学徒制正式导入美宜佳各大区，由各大区课长级以上干部担任各岗位评估师，并正式导入职业店长、开业指导、加盟服务课长3个岗位的评估取证。

校企合作输送人才

近年来，美宜佳与各院校加强合作，通过院校来直接培养企业所需的人才。丰富多彩的联谊，为校企双方进一步开展多层次、多形式、多领域的合作，实现校企资源的有机结合和优化配置，共同培养经济社会发展需要的人才提供了新的途径。与各院校的合作也将为美宜佳公司输送更多的优质人才。

与华南农业大学经济管理学院合作

2018年4月20日，华南农业大学经济管理学院开展了第30期创新创业实训论坛——“美宜佳大佬带你走进新零售”。

与桂林电子科技大学合作

2018年3月29日，桂林电子科技大学商学院相关领导来美宜佳参观交流，美宜佳商学院相关领导、美宜佳公司相关领导一起隆重接待，并就相关校企合作事宜展开交流。

与广东南华工商职业学院合作

2018年4月13日，广东美宜佳人力资源中心负责人、招聘管理课负责人、商学院培训研发部相关负责人及广州、深圳、东莞、粤东大区人力资源课长一行来到广东南华工商职业学院清远校区，为广东美宜佳2018年校企共育创新班招生开启新篇章。

与广东农工商职业技术学院合作

为加强校企合作，促进高素质应用型人才培养，深化产教融合发展，2018年3月12日上午，美宜佳与广东农工商职业技术学院就校企合作的相关事宜进行了洽谈，双方探讨了现代学徒制订单班的校企合作模式。此次洽谈会进一步明确了双方的合作意向，加强了校企双方的了解，并细化了合作途径和培养模式，为后期在人才培养计划、课程设置、授课内容以及专业建设等具体合作方面奠定了坚实的基础。

与广东工贸职业技术学院合作

经过前期多方面的调研及沟通，2019年4月22日，广东工贸职业技术学院市场营销专业相关负责人与美宜佳便利店有限公司总部领导就校企合作事宜进行洽谈。最终，双方就校企合作方案的具体事宜进行了深入沟通，整个会议在校企双方相互认可、谋求互利共赢的气氛中结束。

第三节 企业文化的建设

文化是企业的灵魂，22年来，美宜佳人一直用心做好企业文化建设，坚持形式多样的回报社会、传递爱心的公益事业，举办大大小小、健康向上、丰富多彩的集体活动，不仅体现了美宜佳人浓厚的社会责任感，而且彰显了美宜佳健康的企业文化。

热心坚持公益事业

企业发展离不开社会，回报社会是企业应尽的责任。现在有很多企业越来越重视公益事业，想靠企业的力量去帮助更多人，回馈社会。美宜佳公司在自身不断发展壮大的同时，也积极开展社会公益活动，不断传递爱心。

2019年初，一张神秘微笑女孩的公益海报在微博、微信里刷了屏，微博话题#什么才能让你笑成这样#获得众多网友的关注。这是广东美宜佳携手中国体彩共同发起的公益互动活动H5，活动一上线就迅速发酵，引来社会各界爱心人士的点赞与传播。活动成果化作数千份爱心包裹，一件件冬衣、一套套书本和一个个玩具，由“体彩&美宜佳公益小分队”送到山区孩子们的手里，圆了孩子们小小的心愿，也收获了他们的微笑。

2019年5月16日上午，以“防患于未‘燃’，共建消防安全家园”为主题的消防安全公益行动启动仪式在东莞市美宜佳总部门店举行。此次消防宣传公益行动，将遍布全市大街小巷的美宜佳便利店打造成消防宣传服务网点，把消防宣传的触角延伸到最末端，以最接近群众、最贴近生活的方式，为老百姓提供触手可及的消防宣传服务。

消防部门为此次公益行动专门设计印制了150万份“居家火灾风险防范”“电动车火灾防范”等系列宣传单，投放到美宜佳各门店进行宣传派发。每家便利店的店员都化身消防志愿者，在开展营业的同时进行消防宣传，面对面提醒顾客注意消防安全。同时，消防部门还联合美宜佳策划“消防答题送优惠”活动，邀请顾客关注“东莞消防”微信公众号参加消防知识问答，赢取美宜佳便利店购物优惠券。

类似这样的公益活动，美宜佳参与的不在少数。开展公益活动，传递的是温暖，收获的是快乐。任何人的成功，都离不开社会大众的帮助，致力于社会公益事业，是自身社会责任感的具体体现，更是企业和公众实现双赢、创建和谐社会的重要路径。

丰富员工业余生活

员工的业余文化生活对陶冶员工的情操、激发员工的热情、促进企业的文化建设有着十分重要的作用。长期注重员工的业余文化生活，不仅有利于培养员工的责任意识与集体荣誉感，还能够增强员工队伍的凝聚力。因此，美宜佳在丰富员工业余生活方面，做了相当多的工作。

举办篮球比赛

青春，代表着美好、年轻、激情。广东美宜佳是一个充满激情的团队，工作上有目标、有冲劲，生活上“玩得嗨”。为促进大区与大区、大区与职能中心之间共融共通、协同合作，广东美宜佳人力资源中心联合采购中心品牌发展部组织了以“燃烧吧，青春！”为主题的“粤佳杯”篮球赛。

2018年3月31日，广东美宜佳首届“粤佳杯”篮球赛开幕式在东莞技师学院隆重召开。本次球赛共有6支队伍参赛，包括总联合奏队、东莞可可宣言队、生活随笔—广州风暴队、深圳淳风派烈焰队、粤东零海里战神队和粤西论剑贪吃狐队。

追逐3月的和风，沐浴春日的阳光，在这样一个激情的季节里，美宜佳于2019年3月30日在东莞市V5篮球馆（长迈店）里举行了“燃，篮球梦！”——美宜佳第二届“粤佳杯”篮球赛开幕式。

“粤佳杯”篮球赛海报截图

经过24场比赛的激烈角逐，“燃，篮球梦！”——美宜佳第二届“粤佳杯”篮球赛于2019年5月25日完满落下了帷幕。从初赛到决赛历时7周，球员全力以赴，火力全开。总决赛群雄逐鹿，精彩万分。

举办趣味运动会

2016年5月，美宜佳福建分公司员工迎来了第一届趣味运动会，为员工在工作之余点燃激情和活力。

举办此次趣味运动会的目的在于促进各个部门员工的相互交流，增强团队的凝聚力，为公司创造一个良好的团队氛围。同时，通过这样一种有激情、有趣味的活动，有效缓解员工的工作压力，帮助他们以更好的状态投入到工作中去。

举办业余歌唱比赛

（1）2015年5月，第三届淳风派美宜佳好声音集结号角正式吹响，战火拉开序幕！本届好声音报名参赛的选手多达500余位，创历史新高，所有选手在广东省18个赛区集结，开始海选征程。

第三届淳风派美宜佳好声音总决赛现场

历时一个多月，选手经历了海选和复赛，征服了现场观众和评委，终于在6月26日晚相聚在东莞市万达广场，来自广东省18个赛区，包括门店和消费者不同群体的20位最强选手同台较量。

（2）2017年4月，“美宜佳超级歌手”为20周年嘉年华拉开序幕，覆盖广州、深圳、东莞、惠州、中山5大赛区。

“美宜佳超级歌手”宣传海报

举办演讲比赛

为更好地推广和弘扬美宜佳员工“7个核心能力素质”，2016年6月4日，由人力资源中心主办、美宜佳商学院承办的首届“超级演说家”总决赛在总部成功举行。这是美宜佳以“7个核心能力素质”为主题展开的水平最高、影响最广的演讲赛事。

总决赛共有来自各中心、各大区的10名选手参加，这些选手都是经过预赛、复赛、半决赛层层选拔出来的精英选手。

相关链接》》

企业文化与人才培养的关系

如果将企业比作一个人，那么，企业文化就是这个人的精神信念，而人才培养是其灵魂和动力源泉。只有制定科学合理的企业文化，才能对人才培养起到积极的促进作用，以企业文化为出发点，将培养人才的信念贯彻下去，对于企业的发展具有重要的作用。让员工主动地融入企业文化中去，在企业营造的良好的人才培养氛围中提升企业的核心竞争力，实现企业的快速发展。

1. 人才培养和企业文化之间的关联

人才是关键，文化是核心，两者缺一不可。企业文化是一个企业在长期运营过程中不断积累的，并且被其大多数的员工认同的奋斗方向、价值观念的综合体现。企业文化可细化分为狭义和广义两个方面。狭义的企业文化着重强调了企业文化在创造过程中的成型和扩散。广义的企业文化则更多地强调企业管理，是将现实物质、精神动力、制度体制相结合，更多的是推动管理能力和实行能力。

从目前来看，更多的企业注重的是企业文化的成果体现，企业人才培养主要指人才的发掘和培训，比如现今应用比较多的是新员工进入企业后会进行一段时间的培训，而轮岗机制则是为发掘员工的工作才能进行的进一步分化。通过人才培训，使员工具备相应的专业知识，为将来要进行的工作储备必要的知识和专业技能，提升他们的工作成果，为将来认同该企业的企业文化做出良好的铺垫。轮岗机制的实施让员工在不同岗位都工作一段时间，目的是发掘员工的潜力，看其是否适合目前的工作，也是对员工自身的一种认同，更加有利于加深企业文化对员工的影响，最终体现出企业文化和人才培养的连贯性，对企业的发展具有巨大的作用。

2. 目前企业在人才培养和企业文化方面存在的问题

许多企业忽略了企业文化在企业发展中的作用，没有引起足够的重视。导致这种现象的原因有很多，但是，最主要的还是企业的管理层对企业文化没有正确的理解。企业的管理层不去强调企业文化，与之相应的下层人员就更不会去认知该企业的企业文化，只是一味地听从上级安排，没有相应的推动企业文化落实的责任心，当企业的发展因此遇到阻碍时再来找问题的源头就有点晚了。所以，加强领导层对企业文化的重视程度是很关键的。许多企业很重视企业文化的发展，但是收到的效益并没有预期中的好，最后总结出的问题是只注重了企业文化的表面形式，缺少相对应的深层次内涵。企业文化是一种抽象的、不具体的文化系统，不像其他体制那样具有明显的快速收益，所以，在企业文化的发展过程中，很容易出现各种各样的问题。只注重表面，没有内在是很危险的，毕竟喊口号是谁都会的，但真正落实下去的时候又将完全不同。从以上观点可以看出，企业文化与人才培养是紧密相连的，一旦中间的联系环节出了问题，势必会阻碍两者的发展，一般来说，导致这种现象的原因是缺乏相应的培训机制，不能将老员工的企业认同感有效地传递给新员工。

3. 企业文化与人才培养结合的措施

首先，要规范企业文化的制定规范。在企业文化的传承阶段，要有相应的建设规范。以人为核心，将人才视为企业发展的第一要素。企业文化的主要载体是人，企业中的人不仅包括基层，还包括管理层、骨干层等，要一视同仁，不能有位高者尊、位低者卑的观念，只有这样才能做到员工心里有企业，企业心里有员工，才能正确建立企业文化，员工也能更好地认同企业文化。

其次，企业文化应进行相应改革。在这个瞬息万变的信息时代，任何东西都不是一成不变的，所以，企业文化也要不断注入新鲜的时代元素进行相应的改革，来适应新的社会变化。其中，企业文化的改革目标之一就是改变人才培养模式，总结各种经验，多与其他公司交流，学习他们在企业文化方面的建设经验，建立起科学合理的人才培养机制，确立明确的人才树立计划。

再者，就是要加大企业文化的宣传程度，可以在会议上或者其他方面进行推进，让更多的员工认识到企业文化的重要性。随着社会发展，企业也要转变思想，细化人才培养的模式，针对不同的岗位制定不同的培训理念，同时，更要与时俱进，跟上时代的潮流。

只有将企业文化和人才培养紧密结合起来，开发出一套适合自身的企业文化和人才培养机制，才能够吸引有用之才，培养有用之才，形成集竞争和开发为一体的操作运营机制，在全球化的大环境下迎风而上，成为全球经济竞争中的最终受益者。

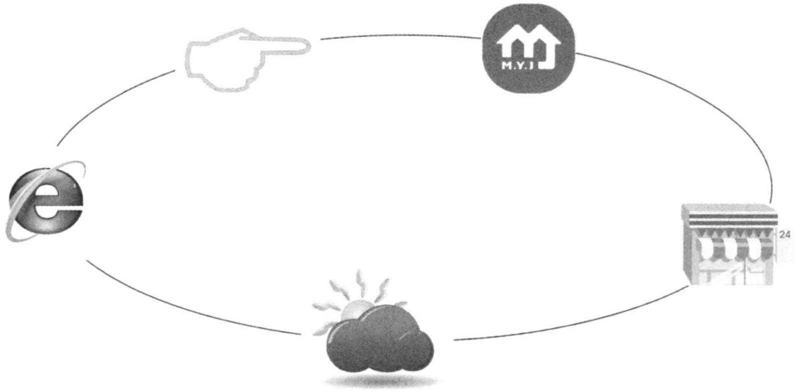

第七章
美宜佳，升级转型数字化

导言：

近年来，便利店如雨后春笋般迅速生长。但在发展过程中，便利店行业面临着来自店效和成本的双重压力。数字化转型成为便利店寻求可持续发展的突破口，无论是前端销售、营销，还是后端供应链管理，数字化运营都将为便利店降本增效。

第一节 升级门店，实行数字化闭环

在美宜佳便利店这个超级数字化闭环的打造中，智能设备产品发挥了不可替代的核心作用。

客流统计、热区分析系统

美宜佳利用雅量客流统计系统，对进店人员和各区域的人员进行统计分析，运营管理人员可随时掌控门店各区域的客流数据。结合雅量热区分析系统，可分析客流聚散区域及客流数据，以及每一个区域产品的客户滞留数量和时长等数据，形成热点数据，及时调整营销策略和商品的陈列布局，实现各区域商品均衡销售，提高商品整体成交率。

人脸识别系统

美宜佳通过雅量人脸识别系统，对进店的顾客进行自动人脸识别，区分会员和非会员。针对会员，可根据系统识别其消费习惯和喜好，有针对性地推送商品，促成成交；针对非会员，可根据系统识别其购买金额和次数，积累到一定数额可自动升级为会员，不断扩大会员流量池，为门店带来更多的销量。

人脸识别系统对于美宜佳会员精准营销平台的建立起到了根本性的推动作用。美宜佳借助雅量人脸识别系统，可打造新老会员精准营销平台，实现本地消费大数据下的精准营销，完成新会员引流、老会员回流，新老会员全在掌握之中。

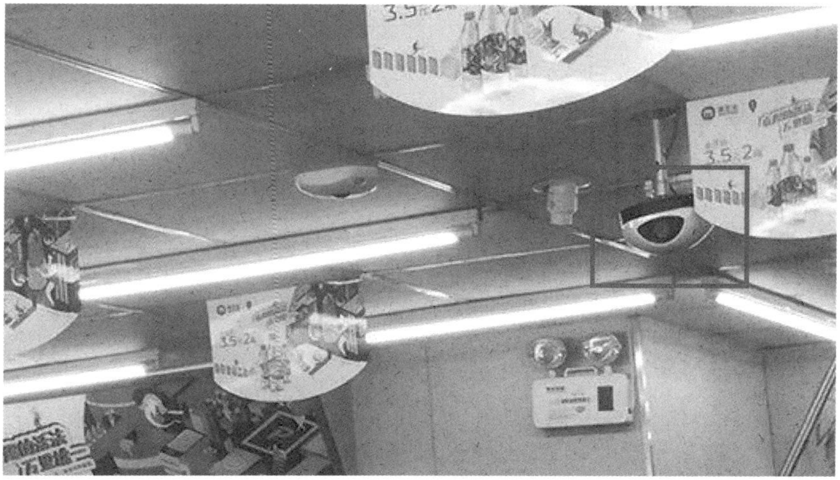

人脸识别系统

资讯平台

员工本身的服务态度、工作的热情、对商品和顾客的熟悉程度决定了成交率和客单价的高低，而客流统计和人脸识别数据能大幅提升员工服务的精准度，从而达到提升客单价的目的。

巡店系统

美宜佳在全国有18000多家门店，不管是总部高管、区域督导，还是片区巡店人员、门店管理者，如果采用传统的巡店方法，将大幅降低效率和增加管理成本。

美宜佳通过雅量巡店系统将巡店工作置于云端完成。通过雅量IP远程摄像机，巡店人员可足不出户，利用手机App实现对实体门店的远程巡店管理，减少管理者巡店次数，降低巡店差旅费用和时间成本，提高巡店效率。

随着消费者需求的变化，信息技术的成熟，美宜佳开始做角色转型：从渠道商向服务商转变。在整个过程中，美宜佳通过打通上、中、下游供应链，直面消费者，让门店和消费者形成互动、互通、可反馈的数字化闭环。最终，通过这样一个过程，来实现对消费者、对会员提供千人千面的服务。

电子价签

电子价签，也叫电子货架标签，是一种带有信息收发功能的电子显示装置，主要应用于超市、便利店、药房等地。放置在货架上，可替代传统纸质价格标签。每一个电子货架标签通过有线或者无线网络与商场计算机数据库相连，并将最新的商品信息通过电子货架标签的屏显示出来。电子货架标签事实上成功地将货架纳入了计算机程序，摆脱了手动更换价格标签的不便，实现了收银台与货架之间的价格一致性。

货架上的电子价签

为了开发电子价签系统，美宜佳信息中心调派了有多年物联网经验的开发高手和厂家一起奋战了2个多月，加班加点终于把这个系统开发了出来。经过多次讨论、测试、调试，接口才能正常对接起来并投入运行。经过粤10000号门店的使用，门店反馈效果如下。

（1）门店正常价格显示100%正确，令人放心。

（2）门店变价申请共29个，电子价签都能正确推送显示。

（3）顾客可通过电子价签扫码领券享优惠，顾客体验良好。

（4）不用等物流公司把价签配送到才能更换价签，在收银机变价后就能马上响应推送变价，变价及时，速度快。

（5）不用手写和人工更换价签，每天可节省0.5小时，不仅颜值高还省时。

（6）有效避免不及时更换价签引起顾客对价格的误会。

相关链接》》

数据能力驱动美宜佳向“S2B2C”转型

从市场环境来看，年轻群体成为决策主力，线上线下相融合的全渠道购物已成为主流消费方式，随时、随地、随性的时间效率要求提高，对品质和个性的追求增强，对沟通效率、选择效率、物流效率提出更高要求。而大数据、移动支付、云计算、生物识别等现代商业技术以及社交媒体的发展，为沟通、选择以及物流效率的提升提供了可行性空间。与此同时，经历了无人值守便利店、无人货架的风口之后，资本涌入便利店行业，引起了社会的广泛关注度，提升了便利店企业的资金能力。

从美宜佳自身的发展来看，店铺以及企业规模的快速发展带来了下图所示的风险与挑战。

1 → 对加盟体系的统一管理提出巨大挑战

2 → 适应消费者需求变化的店铺形象的优化升级加快

3 → 随着规模发展而不断变革，“大企业病”或多或少地出现

4 → 面临布局全国和集团化发展所需要的人才培养和梯队建设难题

企业发展带来的风险与挑战

过去，美宜佳的价值流传递是“B2B2C”，企业的关键资源和核心能力在于准入管理（供应商管理与采购机制）、运营管理（信息系统与仓储供应链）、品牌管理（客户服务与客户沉淀），主要是传递企业20多年发展所沉淀的经验和能力。

鉴于宏观环境以及自身能力的变化，美宜佳在2018年提出了新的价值流传递——“S2B2C”。将依托数据能力这一关键资源和核心能力，搭建起下图所示的3大智能服务平台。

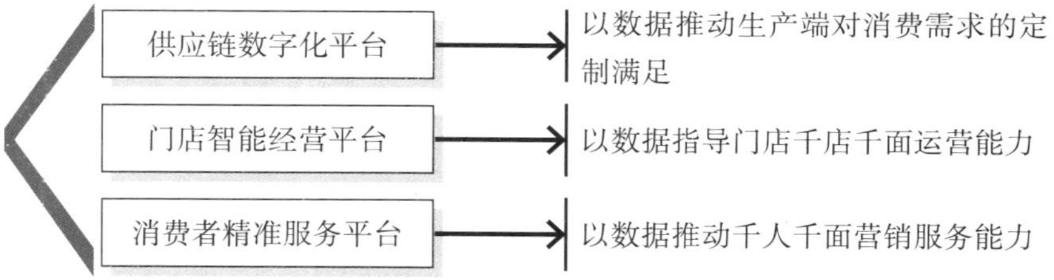

三大智能服务平台

在“S2B2C”价值流传递中，“S”是实现美宜佳价值传递的服务平台，起到的作用是提升整个“S2B2C”的价值流传递效率，核心的3大智能服务平台将推动企业从“B”向“S”转换，搭建一个开放的、共创的服务平台。未来，美宜佳的“S2B2C”实质是“匹配+传递”价值，需要品牌方、零售各环节关联企业等合作伙伴的共同参与。

第二节　链路优化，打造数字化供应链

美宜佳发展速度之快，规模之大，背后的供应链系统功不可没。为了能够满足大体量的门店运营，面对庞大的客户群体及门店数量，美宜佳供应链打造的总体思路可以总结为——全链路运营数字化，包括下图所示的4大板块。

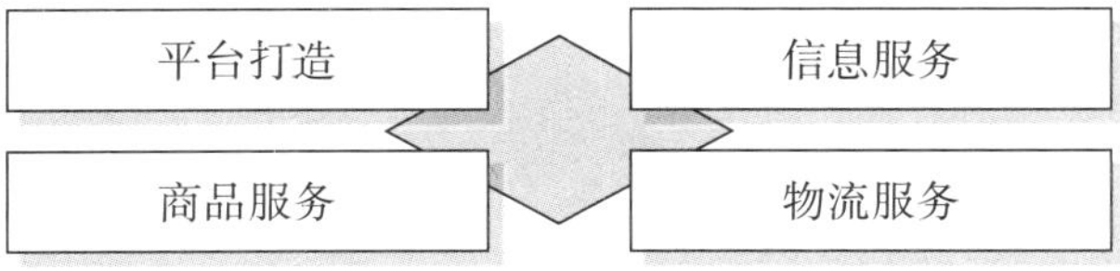

供应链系统的四大板块

图示说明：

全链路运营数字化，是对整个链条的运营数据进行沉淀，并对有效数据进行分析、运营、估量，以不断提高整个链条的运营效率、服务质量，更好地提升客户的服务体验。

平台打造

供应链平台的打造是由美宜佳的开发团队来做的。让整个供应链运转起来的前提是主体之间互相了解，所以美宜佳会把所有相关主体的一些行为记录在供应链平台上，然后基于这些行为做一些算法和模型，得出相关的建议，再把建议以产品化的方式对接到具体的业务部门，让业务部门在供应链上做出相关决策。

平台架构

整个供应链平台的架构，可分成下图所示的4个层级。

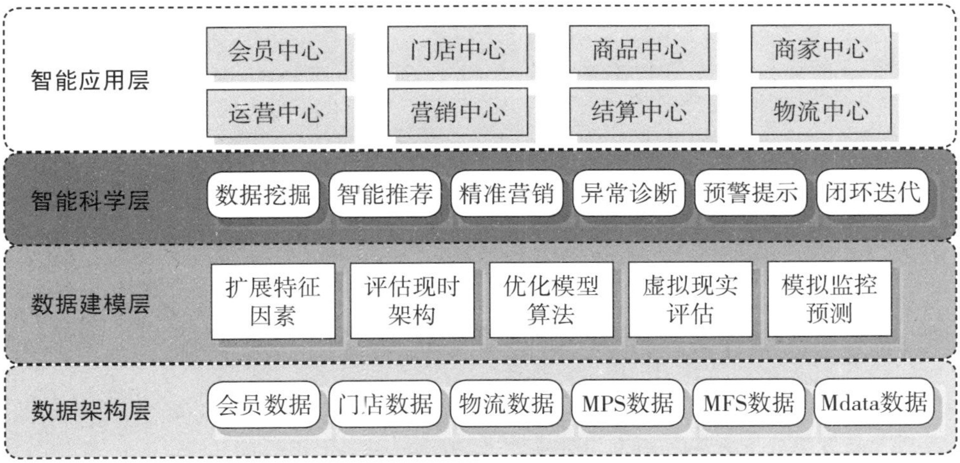

供应链平台架构

（1）数据架构层。

数据架构层位于最底部，包含会员的数据、门店的数据，还有物流的数据等。

（2）数据建模层。

在数据架构层的上面是数据建模层，每当供应链要做出一些决策的时候，可能需要相对应的模型。

（3）智能科学层。

基于数据建模层再往上就是智能科学层，它的作用是做出一些建议、决策，并且引领整个系统来做落地执行，所以它会包含数据挖掘、智能推荐、异常诊断、预警提示以及整个闭环的迭代。

（4）智能应用层。

通过智能科学层可以给出科学建议，涉及整个门店的经营，以及服务商管理的各个中心，包括会员、门店、结算、营销、物流等。

服务流程

在美宜佳整个供应链的平台上面，会集合所有的服务商，包括商品、库存、营销、物流、客户等，针对品牌的需求给出一个综合的解决方案，这个方案最终会推送到门店。如下图所示。

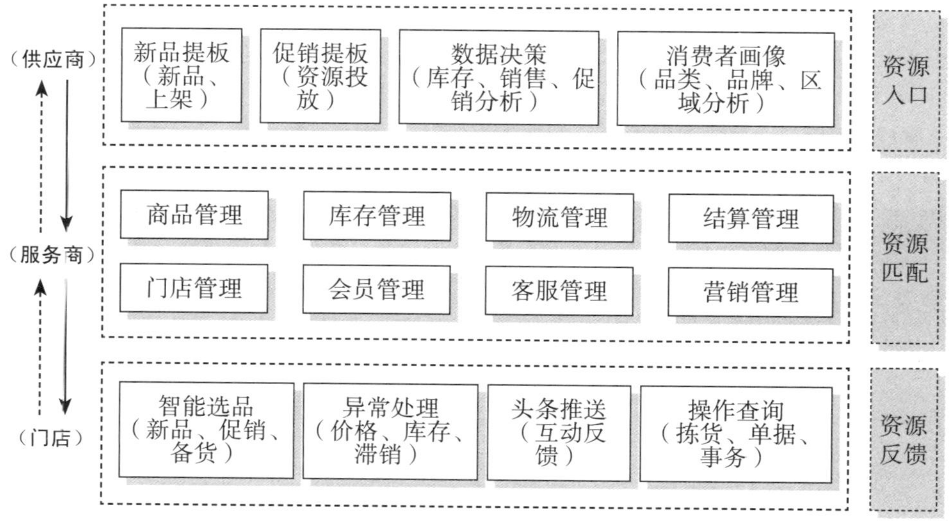

供应链平台框架上的服务流程

平台联动

实际上，美宜佳目前不是只有这一个供应链平台，而是有3大平台，另外两个平台是门店智能经营平台和会员精准服务平台。门店智能经营平台积累所有门店的数据，以及门店在执行项目时反映出来的具体情况。会员精准服务平台沉淀会员群体在线上线下所有的消费行为、互动行为。美宜佳会把来自这两个平台的数据汇总在供应链平台，供应链平台会依据这两个平台的数据做出关于商品的服务方案，最后进入Mps/Wms/Tms工作台，使用信息流的方式，驱动具体的方案落地执行。如下图所示。

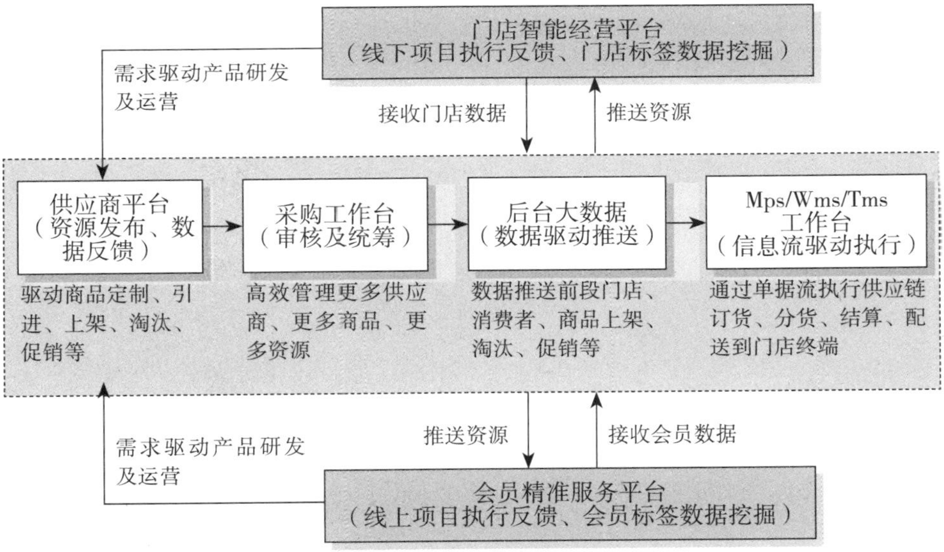

供应链平台框架上的平台联动

商品服务

品店匹配

在商品服务的层面，首先是做品店的匹配，美宜佳通常做的是整个平台品类年度、季度的规划。平台做品类规划之后，下一层会有区域的商品池来满足不同的需求。美宜佳会考虑门店在哪个商圈，服务的是什么样的人群，包括硬件、设备特点等，最后达成千店千面的效果。

在整个品店匹配上面，美宜佳坚持的是一进一出原则，从整个后期数据去看门店不同商品的贡献度，以及商品的货价、坪效、动销、货源补充等数据，通过这样的评估反馈机制，调整下个月或者下季度做品类规划的逻辑。如下图所示。

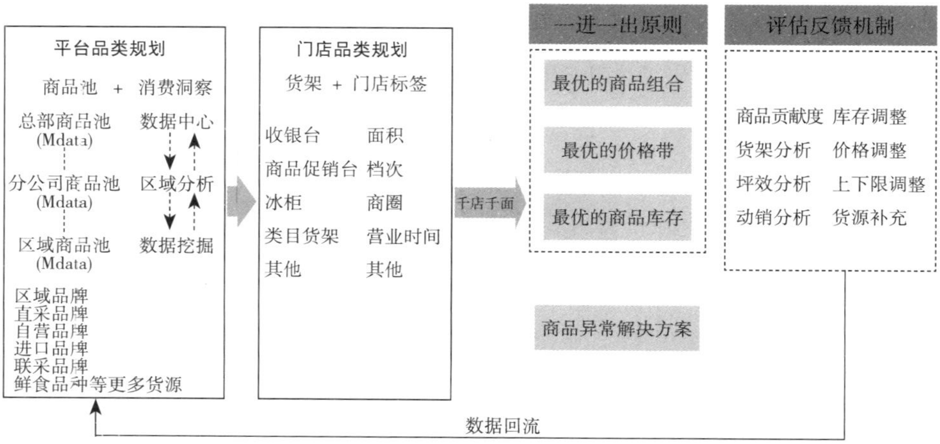

商品服务的品店匹配

周期规划

对于每一个单品，美宜佳会分4个阶段做运营：引进、培育、成熟和淘汰。如下图所示。

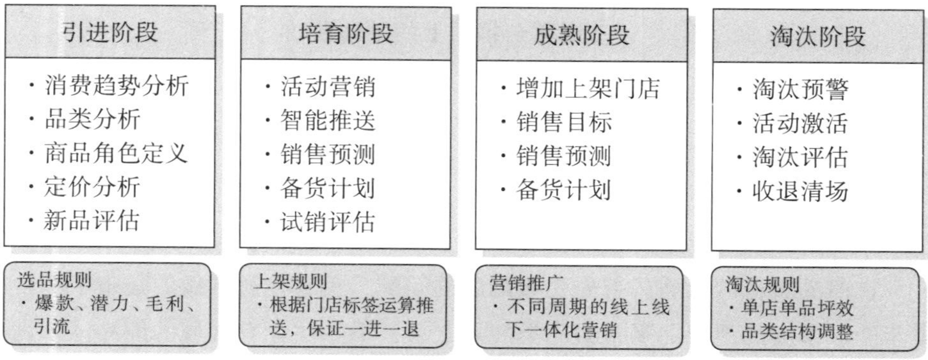

商品服务的周期规划

在引进阶段，美宜佳会做整个消费趋势分析，评估这个单品到底适不适合进入美宜佳这样特定的渠道。在培育阶段，会通过活动营销等手段做销售预测，以及对消费者做一些智能的推送测试，通过一段时间的培育期，再选择是否进一步上架。在成熟阶段，增加上架门店，制定销售目标。在淘汰阶段，美宜佳淘汰的标准会比其他的一些渠道更加严格，因为美宜佳要保证这个仓位的价值最大化，所以在淘汰前，会做最后一轮活动的激活，进行淘汰评估。

数据共享

讲到商品服务，零供关系十分重要。美宜佳会跟很多的供应商、品牌商合作。但在合作过程中，其实会出现很多问题，如下图所示。

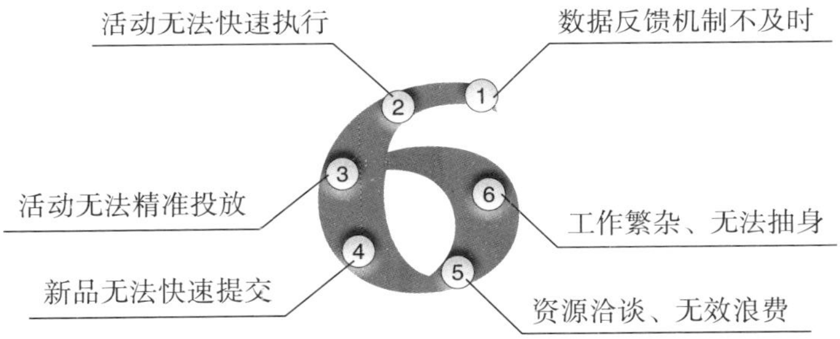

供需合作中的问题

鉴于以上问题，美宜佳从2017年第四季度开始，实施数据共享，启动“供应关系——战略联盟”，能公开快速让厂商知道底层数据的分析及洞察，支持生产、研发、定制产品，快速满足消费需求，使采购方与供应商业务流程一体化。双方有一致的战略与决策，共享渠道分析数据、产品渗透数据、消费者购物分析数据，才能提升链条效率，共同为消费者创造价值。

资讯平台

有了数据的开放合作之后，美宜佳跟供应商、品牌商的合作，不仅仅局限于采购和销售团队，还会涉及与客户研发部门及新品上架、测试部门等的对接，合作更深入、更全面。

信息服务

在美宜佳的信息服务体系中，整个信息流或者单据的流向相对比较简单。首先会对门店和会员的数据做一个预判，再在这个基础上做消费者的预测。根据预测，美宜佳会生成订单，通知供应商做备货准备。供应商的货品送到美宜佳的物流大仓，然后再由美宜佳的大仓配货到每一个门店。如下图所示。

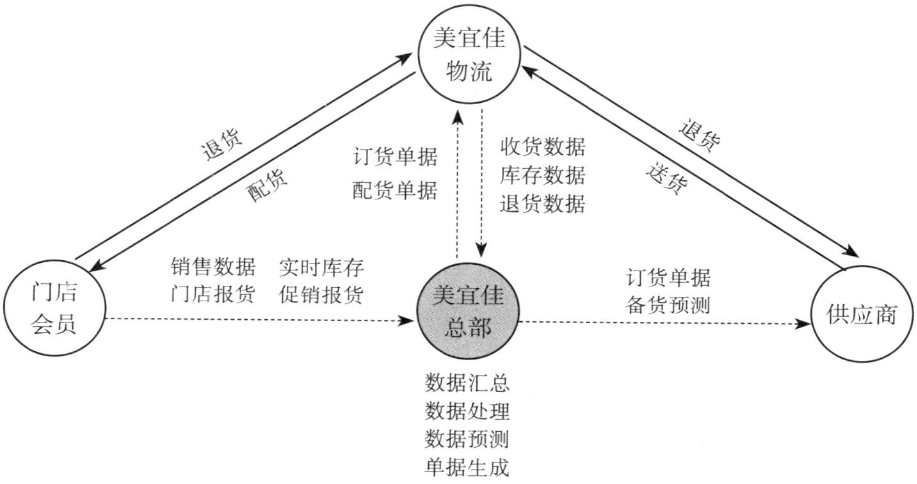

信息服务的单据流向

资讯平台

目前，美宜佳在订货的时候，是每隔一个固定的周期做下一个周期的订货。在这个过程中，美宜佳会计算出一个最安全和最大的库存，并在两者之间做调整。

物流服务

在美宜佳服务的城市中，有多种物流模式，比如预约达、当日达、次日达等。在配送方面，美宜佳有TMS运输管理系统，这个系统会支持同市多点配送，还有调度车队以及路线最优的安排，同时能够满足多平台的集中调度。

关于供应链平台的优化，美宜佳也在着力推进。从2017年开始，美宜佳做了关于用户运营的战略布局，投入大量资源在会员的运营上，优化方向如下图所示。

方向一	关于商品渠道的差异化。由于每天的流水非常大，美宜佳需要结合会员体系运营，快速让用户认知美宜佳这个品牌，基于对用户数据的积累，美宜佳尝试跟品牌一起，根据消费者的需求做按需定制的产品
方向二	从消费者的维度来深化整个零供的合作，基于对消费者的了解，美宜佳会给品牌商提供品牌推广的价值，以及来自数据挖掘和用户分析这部分的价值
方向三	美宜佳会继续优化整个供应链数字化的平台，更多地通过平台来提升工作效率，通过平台化的操作来运作
方向四	美宜佳不断思考门店、会员和商品这3个维度的数字化如何更全面、更准确，更能够辅助决策。美宜佳会不断优化想要沉淀的数据，应用目前最新的技术，包括人工智能等，以提升效率

供应链平台优化方向

相关链接 》》

美宜佳万店背后的数字之路

2019年5月12—15日，由中国连锁经营协会主办的“新消费论坛——2019中国便利店大会”在武汉召开。本次大会汇集了行业内众多领军企业负责人，近1800人参会。

作为一个以特许加盟为主的便利店的系统，美宜佳是如何实现有效管理和统一采购、统一配送、统一管理的呢？

会上，美宜佳董事长张国衡进行了信息化、数字化的解读，以下为具体内容。

如果按照数字化的历程划分，可将美宜佳20多年的发展历程分成下页图所示的4个阶段。

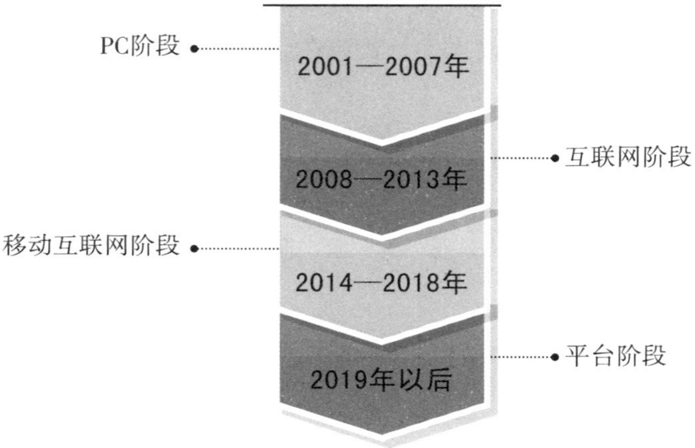

美宜佳的数字化历程

第一阶段：PC阶段

2001年，美宜佳经过了三四年的发展，已经有200多家门店了，那个时候都是松散型的，没有统一采购，也没有统一配送。当时门店的经营水平很低、很传统，因此必须从松散型向紧密型的特许加盟过渡。于是，美宜佳在2001年底引入了海鼎的信息系统和物流系统。系统经过6年的尝试，解决了很多问题。

比如，实现了报货、配货、结算自动化的运作，这样整个门店的效率就提升了；又如，总部和门店可以联结在一起，实现了统一采购。

这是第一个阶段，从2001年的200多家门店，发展到2007年的1500多家门店，这个阶段平均每年增加大约190家门店。

第二阶段：互联网阶段

2008年到2013年，出现了一些问题，原有的系统没有沟通模块，没办法反映门店的意见。在门店的经营上面，门店的主动性不强，经营被动，导致经营也出现了问题。随着社交网络、电子支付和互联网技术的成熟，美宜佳借助互联网技术开发了很多应用平台。

比如，针对门店经营的有营运专家和门店沟通的服务在线，和厂家沟通的服务在线，还有网络电台、结算平台、加盟服务平台。有了互联网技术以后，整个系统结构发生了变化，很多平台可以直接接入，可以做标准平台。

美宜佳在这个阶段实现了总部和门店、门店和门店、总部和供应商之间的交流。平台可以牵连起来，提升了整个供应链的效率，也提升了门店经营的水平。在整个加盟店服务方面，通过系统可以沉淀下来，减少了整个加盟服务的费用，提升了效率，也提升了门店的经营能力。

到2013年，门店总数达到了5580家，这个阶段总共增加了4000多家门店，平均下来一年大概增加600家门店。

第三阶段：移动互联网阶段

2014年到2018年，美宜佳决定要全面实现企业数字化转型以及进行全国的发展。门店需要升级，经营能力也要提升。由于微信、支付宝的存在，门店有机会接触到消费者了，也就可以连接消费者，连接到C端。这样就可以借助平台来为消费者服务，了解消费者。

同时，大数据和云计算的出现，重新开发了分布部署和存储统一管理的一个体系。公司重新研发基于云结构的平台，包括了云架构的收银机MPOS、资源规划系统MPS、财务结算系统MFS、物流配送系统MWMS等。另外，美宜佳的会员精准营销平台、门店经营平台、供应链数据化平台，也不断出现。

上述转型是一个基于云结构的后云端、轻门店、快反应，通过数据化的转型，把所有的业务流程沉淀在一个系统里面，使业务流程化、标准化、智能化。

美宜佳现在的体系，为建立区域能力打下了基础，很多即时流程，是沉淀在系统里面，是基于系统这个工具复制到每个省，所以才能在一年内既解决人才问题，又发展邻省业务。同时，美宜佳以消费者驱动整合上游资源，优化供应链，这样就为千店千面服务、千人千面服务提供了机会，提供了可能。把原来一个服务的工具也慢慢地从PC端向移动端转变，包括办公、门店营运等。所以说它是移动互联网阶段。

这个阶段支撑着整个美宜佳快速向全国布局，到2018年的时候，美宜佳的门店数量大概是1.56万多家，增加了1万家门店，其实这也就用了5年的时间，平均一年增加2003家门店。

第四阶段：平台阶段

美宜佳发展到现在，又出现了瓶颈。因此，整个美宜佳要转型，新的商业模式已确立出来了，就是“S2B2C”，要从渠道商向服务商转型。未来的服务，不但去到B端，也要去到C端。整个门店要进行精细化的经营，提升它的销售额，来支撑成本的提升。

更重要的是，要实施区域的个性化战略，实现资源的协同发展，实现线上线下的融合。所以，在这个阶段，开始做平台，包括业务平台、数据平台、物联网平台等。整个平台放在云端加智能的终端，让云服务的能力和资源更好地整合，最后放在终端实现业务。

未来，美宜佳会在万物互联、数据化、可视化、智能化等方面投入大量资金，用以提升门店经营、消费者研究以及办公环境。

第三节　提升价值，把握数字化核心力量

数字化转型也是传统便利店发现自身价值的好机会。新技术和新工具的出现，让便利店更容易连接到消费者。有了连接，就有机会沉淀数据，有了数据就能为消费者提供精准个性化的营销服务。

提升消费者的时间价值

每一位消费者本身的时间是有限的，一天只有24小时，只有86400秒。在便利店这个场景里面，客户连接互动的时间就更加有限。如果实施数字化，其核心是提升客户的时间价值。

数字化能带给大家很多信息，但如果把握不好这些信息，就可能会形成一个信息茧房。所以，美宜佳会思考要不要数字化。美宜佳认为，要不要数字化，主要看是否能够让客户在便利店场景中获得更大的价值和体验。

美宜佳在所掌握的会员当中做了一个消费者的属性分析，“80后”“90后”和“00后”消费者占比已经超过90%。而这样一个群体，在快捷的便利店

场景下，对效率的提升提出了很高的要求，包括沟通效率、选择效率以及物流效率，希望便利店的服务效率提高，在便利店场景的每个时间价值都最大化。美宜佳针对这一现状，结合自身更加广泛、更加立体、更加直接的特征，挖掘数字化潜力。同时，紧紧围绕着消费者沟通效率、选择效率、物流效率这三种需求所形成的九宫格进行数字化规划和布局。

比如，在满足沟通效率方面，结合更加广泛的特征，美宜佳建立了基于移动支付的会员体系，全面整合线上线下的渠道资源，多触点地直接跟消费者连接和互动；结合更加直接的特征，美宜佳全面持续地监控消费者的需求变化，更加精准地推送内容，进而节省客户决策的时间。

为此，美宜佳打造了数字化的平台和工具，其中包括门店智能经营平台、供应链数字化平台、会员精准服务平台等。

提升品牌厂商的价值

美宜佳数字化为客户提升了时间价值，而在整个链条中，品牌厂商是很重要的一个部分。通过提升客户的时间价值，为厂商提升了销售、强化了品牌推广，同样，也会获得消费者数据反馈，更加精准地把握消费者的消费偏向，进而助力品牌影响力和竞争力。

可以这样说，美宜佳实行数字化，为客户提升了时间价值，同时也为品牌厂商带来更大的价值，在这一点上，美宜佳与品牌厂商协同共赢。

与品牌厂商协同共赢的主要路径，可以分为产品层面、营销互动层面、共同研究层面，如下图所示。

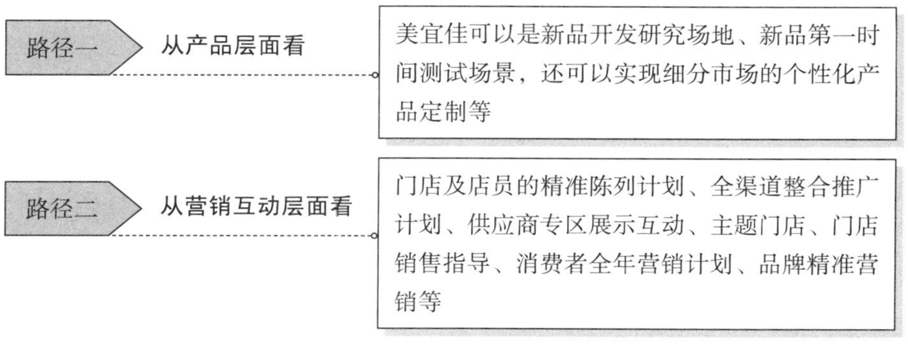

路径三 从共同研究层面看 | 美宜佳与厂商一起共同研究消费者的心理、趋势、新品开发应对方案

与品牌厂商协同共赢的主要路径

从产品层面来说，美宜佳会根据数据洞察，培育新品和新品类，开发创新品类，也会通过优惠券、社区团购等营销方式提升品牌的销售。同时，美宜佳整合了线上线下20多种渠道，为品牌厂商进行客户进店前、中、后的传播渠道整合。每个月，美宜佳会为品牌厂商提供6000万次的线上曝光，以及1.5亿人次的线下人流曝光。对于品牌厂商来说，除了销售、品牌，还有机会通过美宜佳进行用户需求的监控，然后发现需求、引导需求，这是品牌产品体系以及用户体系及时进行市场更新的一个窗口。

资讯平台

把握年轻消费者的需求，以时间的价值作为美宜佳消费者数字化的决策变量，依据自身特征开展消费者数字化方案，这个过程给品牌方带来了销售、推广、消费者洞察等3个层面的价值提升。

参 考 文 献

[1] 中国连锁经营协会．坚守本业、不忘初心美宜佳20年迎万店[EB/OL]．（2017-05-26）．http：//www.sohu.com/a/143797309_170950.

[2] 佚名．伊利新品首发美宜佳 两大品牌深入战略合作[EB/OL]．（2017-04-18）．http：//www.meiyijia.com.cn/news/company/information/201704/002202.htm.

[3] 佚名．张国衡：经营走量服务走心[EB/OL]．（2016-08-29）．http：//gd.qq.com/a/20160829/041933_1.htm.

[4] 商业设计赵海存．百亿级便利店品牌，美宜佳升级全案（一渡传智案例）[EB/OL]．（2017-04-11）．http：//www.sohu.com/a/133199020_217289.

[5] 佚名．20年前的小卖铺，如何成为中国便利店之王？[EB/OL]．（2017-03-01）．http：//henan.qq.com/a/20170301/018554.htm.

[6] 梁锦弟．美宜佳要走向全国，成为百年企业[N]．南方都市报，2017-11-08（02）．

[7] 江宏．时捷物流助力美宜佳快速发展[J]．物流技术与应用，2018（13）．

[8] 苏小妹．美宜佳：配送体系支持下的扩张[EB/OL]．（2011-11），https：//www.xzbu.com/3/view-8145.htm.

[9] 佚名．美宜佳张国衡：每一个单店盈利才是制胜之道[EB/OL]．（2015-11-30）．http：//www.linkshop.com.cn/web/archives/2015/338821.shtml.

[10] 鲜蜂队．中日便利店之王PK，美宜佳和7-11到底谁更强？[EB/OL]．（2017-07-29）．http：//www.sohu.com/a/160682981_580038.

[11] 第三只眼看零售．一月内连进重庆、河南、广西三地市场，美宜佳全国扩张战略加速[EB/OL]．（2018-01-29）．http：//www.sohu.com/a/219532145_617271.

[12] 佚名．小程序用户留存的秘籍，美宜佳小程序半个月拿下20万+会员[EB/OL]．（2017-04-07）．http：//www.hishop.com.cn/xiaocx/show_49492.html.

[13] 晓程序猿．厉害了！半个月引流1亿，品牌搭上小程序开启红利模式！[EB/OL]．（2017-06-19）．http：//www.sohu.com/a/150266063_655055.

[14] 微果酱．引流1亿、销售增长30%，小程序红利爆发，这个品牌赚翻了！[EB/OL]．（2017-06-19）．http：//baijiahao.baidu.com/s？id=1570637955669221&wfr=spider&for=pc.

[15] 萤火新媒．谁领了优惠券，去消费了嘛，消费多少钱？这些问题，这个小程序统统知道！[EB/OL]．（2018-02-04）．http：//www.sohu.com/a/220928832_281893.

[16] 新经销. 数据再多也无法读懂用户？日均客流350万+的美宜佳做了些新探索[EB/OL].（2017-11-22）. https：//www.sohu.com/a/206038380_99890220.
[17] 北京宏业科技. 干货|十二家连锁便利店加盟情况对比[EB/OL].（2017-10-27）. https：//www.sohu.com/a/200601687_713550.
[18] 余玥. 美宜佳探路社区服务[J]. 全国商情·理论研究，2014（21）：58-59.
[19] 赵倩. 浅议“互联网+”时代下的传统品牌形象再设计[J]. 现代商业，2017（16）:29-30.
[20] 王乾. 企业文化与人才培养的思考[J]. 决策与信息（下旬刊），2016（3）.
[21] 黄若. 便利店在中国的发展前景[EB/OL].（2018-04-28）. http://www.ebrun.com/20180428/274937.shtml.
[22] 雅量门店宝. 雅量科技为美宜佳便利店打造超级数字化闭环[EB/OL].（2018-08-20）. https://www.sohu.com/a/248965720_468034.
[23] 王乐乐. 美宜佳张国衡：万店背后的技术与数字化之路[EB/OL].（2019-05-15）. http://www.linkshop.com.cn/web/archives/2019/424840.shtml.
[24] 佚名. 稳中求进——美宜佳万家便利店背后的供应链打造[EB/OL].（2018-12-04）. http://www.linkshop.com.cn/web/archives/2018/414884.shtml.
[25] 佚名. 中国便利店大佬美宜佳 | 把握便利店数字化的核心变量：时间价值！[EB/OL].（2019-03-20）. https://www.hougebiji.com/42988.html.